Ralf Sotscheck
Zocken mit Jesus

Ralf Sotscheck, geboren 1954, lebt seit 1985 in Dublin und ist irischer Staatsbürger. Er arbeitet als Großbritannien- und Irland-Korrespondent für die *taz* und schreibt für die Wahrheit-Seite die beliebte Montagskolumne. Zuletzt erschienen: »Irland. Tückische Insel«, Berlin 2011. »Türzwerge schlägt man nicht«, Berlin 2014.

Die Geschichten in diesem Buch basieren auf Kolumnen, die 2015 und 2016 auf der Wahrheit-Seite der *taz* erschienen sind. Sie wurden für dieses Buch überarbeitet und aktualisiert.

Der Autor dankt Áine, Fionn und Ciara sowie Aribert Weis, Pat und Gill McNamara, Eckie und Maggie Ladner, Astrid Harms, Wolfgang Limmer, Jutta Shannon und vor allem den Hütern der Wahrheit: Michael Ringel, Harriet Wolff, Christian Bartel und Lars Klaaßen.

Edition
TIAMAT
Deutsche Erstveröffentlichung
Herausgeber:
Klaus Bittermann
1. Auflage: Berlin 2017

www.edition-tiamat.de
Umschlagentwurf: Felder Kölnberlin
ISBN: 978-3-89320-216-4

Ralf Sotscheck

Zocken mit Jesus

Mit einem Vorwort von
Gerhard Seyfried

Illustrationen von
© TOM

Critica
Diabolis
241

Edition
TIAMAT

INHALT

VORWORT

von Gerhard Seyfried

Ja, mal nach Irland, denke ich manchmal vor der Glotze, da war ich noch nicht. Sieht alles hübsch grün aus. Könnte ein schöner Kurzurlaub werden, und Vorurteile gegen Whiskey habe ich auch nicht. Aber jedesmal, wenn ich der Sache näher treten will, kommt ein neues Irland-Büchlein von Ralf Sotscheck raus. Das lese ich natürlich gleich durch, mit großem Vergnügen und allerlei Kopfschütteln, denn schon während der Lektüre beschleichen mich leise Zweifel: Ist die Insel wirklich reif für mich?

Seine Berichte nehme ich selbstverständlich für bare Münze, denn Sotscheck ist ein Mann, der weiß, was er schreibt. Er schreibt nicht nur humorvolle, sondern auch nützliche Hinweise für Irland-Reisende. Etwa, daß es sich empfehle, einen Bogen um öffentliche Toiletten machen. Nicht ratsam sei es auch, Auto zu fahren, unter anderem wegen tückischer bürokratischer Hürden. Das Essen solle man mit Vorsicht genießen, aber Kartoffeln sind okay, solange sie unbearbeitet sind. Und wo Handwerker draufsteht, ist nur selten einer drin. Und so weiter.

Nun, das meiste könnte auch auf Deutschland zutreffen, aber Irland? Irland hätte ich solche Zustände nie zugetraut. Auf Erin's Green Isle gehts anscheinend drunter und drüber. Ich werde meine zweieinhalb Urlaubstage stattdessen auf der Insel Mainau verbringen. Nein, lieber auf der Spreeinsel Kratzbruch. Die

ist nicht so weit weg und es gibt weder Gastronomie noch Toiletten dort.

Sotscheck ist aber nicht nur Irland-Korrespondent, sondern längst auch für Großbritannien zuständig, wo es von Engländern und Schotten nur so wimmeln soll. Die kriegen beide ihr Fett ab, hauptsächlich durch die Speiseröhre. Das englische Leibgericht sind bekanntlich fettige Pommes frites mit Essig, und die Schotten frittieren alles, was ihnen in die Finger kommt, vom Müsli bis zum Eis am Stiel. Von Haggis will ich hier gar nicht erst anfangen, das überlasse ich dem Autor, der uns den Zusammenhang zwischen dieser »Speise« und Rheuma erläutern wird.

Auch wenn ich das Manuskript bereits gelesen habe, vorworthalber, kann ich es kaum erwarten, das fertige Buch zu sehen, vor allem wegen der wunderbaren Illustrationen von Zeichnerkollege TOM. Natürlich bin ich auch gespannt, ob mein Vorwort wirklich vorn drinsteht.

MULTAE SUNT CAUSAE BIBENDI

Er konnte ja nicht wissen, dass ich ein gestörtes Verhältnis zu Martell habe. Mein Freund Charlie schenkte mir eine Flasche dieses angeblich edlen Cognacs, doch der weckte Erinnerungen bei mir. Es waren keine schönen Erinnerungen.

»Ich war damals 17«, erzählte ich Charlie, der sich unterdessen ein Gläschen genehmigte, »und ich hatte noch nie Alkohol getrunken.« Die Abiturprüfungen standen an, Latein war für mich die größte Hürde. Als ich einmal im Unterricht einen Absatz übersetzen musste, brach der Lehrer danach in unkontrolliertes Lachen aus, bis ihm die Tränen über die Wangen liefen. Dann keuchte er: »Dass man sowas aus diesem Text herauslesen kann…«

Eines Tages bekamen wir einen Latein-Referendar, den wir aufgrund seiner Physis »Kaktus« nannten. Er hatte auf der Pädagogischen Hochschule gelernt, dass man sich mit den Schülern gut stellen sollte, und so lud er uns für einen Umtrunk in seine Wohnung ein. Es war an jenem Abend bitterkalt, und Kaktus erwartete uns an der Tür mit einem Glas Martell für jeden – zum Aufwärmen. Mir blieb für einen Moment der Atem weg, aber ich schluckte das Zeug tapfer hinunter. Ich beschloss, den Rest des Abends Wein zu trinken. Da ich nicht wusste, wie der schmeckt, merkte ich nicht, dass meine Klassenkameraden anderes planten: Sie gossen mir Martell ins Weinglas.

»Nach einer Stunde klappte Kaktus' Klappcouch zusammen«, sagte ich zu Charlie, während er sich nachschenkte. »Das war fatal, denn mit der Couch klappte auch ich zusammen.« Zwei Schulfreunde brachten mich an die frische Luft. Die Einäugigen führten den Blinden, denn die beiden waren auch nicht mehr nüchtern. Wir liefen längs über einen Käfer, und damit ist nicht das Insekt gemeint, sondern das Auto. Es war der Käfer eines Mitschülers, der mich nach Hause fahren und ins Bett bringen musste, nachdem ich mich mehrmals übergeben hatte. Kaktus lieh ihm für die Fahrt einen Eimer.

Als meine Eltern, die in der Kino-Spätvorstellung waren, nach Hause kamen, lag ich gelbgesichtig und mit halboffenen Augen im Bett. Der Krankenwagen kam, und kurz darauf auch die Polizei, die meine vollgekotzte Kleidung beschlagnahmte, weil sich die Beamten nicht vorstellen konnten, dass Alkohol mich so zugerichtet hatte.

»Nach 18 Stunden wachte ich im Krankenhausbett auf«, erzählte ich Charlie, der sich ungerührt einen weiteren Martell eingoss. »In meiner Nase steckte ein Schlauch. Wäre ich eine Viertelstunde später eingeliefert worden, wäre ich hopsgegangen.« Zwei Ärzte, ein weißer und ein schwarzer, beugten sich über mich, und der schwarze Arzt fragte: »Hast du einen Muskelkater?« Am Abend durfte ich nach Hause.

Zwei Tage später war ich wieder in der Schule – Lateinunterricht. Kaktus brachte mir die leere Martell-Flasche als Andenken mit. »Verstehst du jetzt«, fragte ich Charlie, »warum ich keinen Martell mehr anrühre?« Charlie nickte, goss sich nach und lallte: »Dasisschade.« Das Zeug sei wirklich lecker. Die nur noch viertelvolle Flasche nahm er wieder mit.

SAG ES MIT BLUMEN

Ich erzähle die Geschichte lieber selbst, bevor es jemand anderes tut und ich in noch schlechterem Licht erscheine. Es fing auf dem *taz*-Gedönskongress 2015 an. Wahrheit-Redakteur Michael Ringel hatte seine Autoren zum Klassenfoto einbestellt. Da er aus Moers stammt und Berliner Zeitangaben nicht mächtig ist, nickte er auf meine Frage: »Um viertel sechs?« Er meinte freilich »Viertel nach sechs«. Man sollte zugereisten Westdeutschen einen Integrationskurs zwangsverschreiben, damit es nicht ständig zu Missverständnissen kommt.

Die gewonnene Stunde verbrachte ich am Bierstand, an dem die Besucher drei Biere testen und das beste zum künftigen *taz*-Bier wählen sollten – eine würdige Vorbereitung auf die Wahrheit-Lesung, bei der ein Sponsor für Autoren und Zuhörer ein grandioses Sortiment an Schnäpsen aufgefahren hatte.

Spät nachts zu Hause angekommen, verspürte ich leichten Hunger, da ich auf dem Kongress nur noch ein mickriges Brötchen ergattert hatte. Aber die *taz* hatte allen Referenten einen Stoffbeutel mit Papieren und Leckereien geschenkt: Kaffee, Brownies und eine große Praline. Letztere zwängte ich mir vor dem Zubettgehen in den Mund, weil ich keine Sauerei anrichten wollte, falls sie mit leckerem Brandy gefüllt wäre. Das war sie nicht. Sie schmeckte entsetzlich und war furztrocken. Ich spuckte den Rest, den ich noch nicht hinuntergeschluckt hatte, ins Klo, aber auch mehrere Mundspülungen mit Bier und längeres Zähneputzen konnten den grauenhaften Geschmack nicht übertönen. Die Herstellerfirma tat mir leid, weil sie wegen dieses unsäglichen Produkts mit Sicherheit pleite gehen würde.

Am nächsten Morgen hatten Ringel und seine Partnerin Regina zu einem gigantischen Frühstück der Wahrheit-Autoren eingeladen. Ich fragte Zeichner TOM beiläufig, ob er auch diese ekelhafte Praline gegessen habe. Hätte ich bloß den Schnabel gehalten. Er fragte: »Du hast die Samenbombe gegessen?« Die vermeintliche Praline war eine geballte Ladung von Blumensamen, die man in einen Garten werfen sollte, sodass kurze Zeit später ein Blumenmeer entstehen würde. Die Samen waren wegen der Düngung mit Guano vermischt – Vogelscheiße.

Mein Flehen, dass die Sache doch unter uns bleiben könnte, wurde abgelehnt. Mark-Stefan Tietze fragte: »Wir sollen die größte Idiotie des vergangenen Vierteljahres verheimlichen? Das kannst du nicht verlangen.« Susanne Fischer signierte mir ihr Buch mit dem Satz: »Für den Samenschlucker.« Rattelschneck und Partnerin Harriet Wolff behaupteten, dass meine Augenbrauen grünlich schimmerten. Anette Hoffmann meinte zweideutig, dass bald Gras über die Sache wachsen würde. Und Pia Frankenberg fragte, ob mir blümerant zumute sei. Es wurden Punkte vergeben, um zu ermitteln, wer die meisten Gemeinheiten anbringen konnte.

Zum Glück hatte ich am nächsten Tag einen Termin für Zahnhygiene. Ich hätte ein neuartiges Bio-Müsli getestet, log ich, während die Zahnärztin mir die Blumensamen aus den Zahnzwischenräumen pulte.

SECHS TASCHENTÜCHER FÜR EIN MÄDCHEN

Seine Vorfahren kann man sich nicht aussuchen. Das ist manchmal misslich, vor allem, wenn man ein Konzern ist und möglichst keine peinlichen Flecken in der Biografie haben möchte. Nicht alle haben so viel Glück wie die Hersteller des dunklen irischen Bieres. Zwar gehörte der Firmengründer Arthur Guinness der anglo-irischen Aristokratie an und trat im 18. Jahrhundert gegen die irische Unabhängigkeit ein, doch seinen Erben ist es gelungen, die Marke Guinness als irischstes aller Produkte zu vermarkten, auch wenn das Unternehmen seinen Sitz längst in London hat.

Jameson hingegen, die erfolgreichste Whiskey-Brennerei Irlands, hat einen Ahnen, der in der Firmengeschichte nicht auftaucht. James Sligo Jameson war der Enkel des Firmengründers, dessen Unterschrift noch heute auf die Flaschenetiketten gedruckt wird. Zunächst schien es, als ob James eine respektable Laufbahn einschlagen würde. Er war der einzige irische Offizier, der 1887 an einer Expedition von Henry Morton Stanley, eines walisischen Journalisten, ins Innere Afrikas teilnahm. Die Gruppe zog am Kongo entlang, dem mit stellenweise 220 Metern tiefsten Fluss der Welt. Doch schon bald ging einiges schief. Stanley war ein brutaler Expeditionsleiter, der »die Neger abknallte, als ob es Affen wären«, wie sein Zeitgenosse, der Forscher Richard Francis Burton, bemerkte.

»Die vergangenen sechs Monate waren die schlimmsten und nutzlosesten meines Lebens«, schrieb Jameson an seine Frau. »Seit meiner Kindheit habe ich davon geträumt, etwas Gutes in dieser Welt zu tun und mir einen Namen zu machen, der nicht nur mit Müßiggang zu tun hat.« Was von seinem Ruf übrig war, ruinierte er bald selbst.

Bei einer Rast unterhielt sich Jameson mit einem Stammeshäuptling über Kannibalismus. Er bot ihm sechs weiße Taschentücher, damit er zusehen könne, wie die Kannibalen jemanden zubereiteten und verspeisten. Er wollte die Szene zeichnen. Kurz darauf kam der Häuptling mit einem zehnjährigen Mädchen. »Dann sah ich das Schrecklichste, das ich jemals in meinem Leben sehen werde«, schrieb Jameson in einem weiteren Brief. »Er stach ihr mit einem Messer zwei Mal in die Brust, sie fiel vornüber aufs Gesicht. Drei Männer kamen angerannt und zerteilten ihren Körper. Schließlich wurde ihr der Kopf abgeschnitten, und nichts blieb von ihr übrig. Die Männer brachten die Körperteile zum Fluss und wuschen sie. Außergewöhnlich war, dass das Mädchen keinen Laut von sich gegeben hatte, bis sie zu Boden fiel.«

Jameson behauptete in dem Brief, dass er sein Taschentuch-Angebot als Scherz gemeint hatte. Da es aber nun mal geschehen war, nahm er seinen Stift aus der Tasche und begann zu zeichnen. Leider bekam die *Times* in London Wind von der Sache und druckte die Geschichte. Jameson konnte seine Version nicht mehr anbringen, weil er kurz darauf an Tropenfieber starb.

DIE ESSBARE KÜSTE

Man kann das Zeug essen oder trinken, man kann darin baden, oder man kann es rauchen. Man verwendet es in der Kosmetik und der Pharmazie, für Tierfutter oder auch als Düngemittel. Seetang scheint eine Art Superfood zu sein. Warum sind das stets jene Produkte, die mir nicht schmecken? Warum darf eine mit fettem Speck, Gurken und Zwiebeln gefüllte Roulade kein Superfood sein?

Im westirischen Connemara hat ein Restaurant namens »Dillisk« in einem Bootsschuppen eröffnet, wo man die Zutaten vom Fenster aus abrupfen kann. Dillisk heißt auf Deutsch Lappentang, und den bekommt man in dem Restaurant serviert. Ebenfalls populär ist der Knorpeltang Carrageen, auch als »Irisch Moos« bekannt – nicht zu verwechseln mit dem Rasierwasser, das sich olfaktorisch Minderbemittelte ins Gesicht klatschen.

Da Irland mit einer 7.800 Kilometer langen Küste gesegnet ist, herrscht kein Mangel an Seetang. Bisher war die staatliche Firma Arramara Teoranta in Connemara für die Verarbeitung zuständig. Doch dann wurde sie vor einiger Zeit an das kanadische Unternehmen Acadian Seaplants verkauft. Der zuständige Minister Dinny McGinley jubelte damals: »Der Verkauf sichert die Zukunft der Firma.«

Er vergaß zu erwähnen, dass die Zukunft keineswegs in Gefahr war, denn Arramara Teoranta war durchaus profitabel. Wenn eine Behörde ein florierendes Staatsunternehmen an eine Privatfirma verhökert, kann man sicher sein, dass etwas faul ist, zumal die Vertragspartner Stillschweigen über die Verkaufsbedingungen vereinbart haben. Erst in zehn Jahren wird man erfahren, welche Politiker dabei abkassiert haben.

Die Küstenbewohner fürchten nun um ihr uraltes Recht, Seetang zu sammeln, um es zu verkaufen oder das karge Land fruchtbarer zu machen. Die Befürchtungen sind berechtigt. Hatte Arramara Teoranta bereits den Seetang von rund 300 Erntearbeitern gekauft, so beantragte das Unternehmen kurz vor der Privatisierung die Exklusivrechte. Darüber hinaus möchte man den englischen Namen »Seaweed« abschaffen – klingt zu sehr nach Unkraut. Stattdessen sollen die Algen künftig Meeresgemüse heißen. Irgendwann wird McDonald's einen Algenburger auf die Speisekarte setzen.

Unser Nachbar James hat sein Leben lang Seetang in Fanore an der Bucht von Galway gesammelt und verkauft. Sollte das nun verboten sein? Es gibt ein Gesetz über das Sammeln von Seetang, aber niemand scheint zu wissen, was da genau drinsteht. Nun ist James alt, und es fällt ihm schwer, die mühsame Arbeit zu verrichten.

Nachdem im Frühjahr ein heftiger Sturm an der Westküste getobt hatte, glaubte James am nächsten Morgen seinen Augen nicht zu trauen: Die Fassade seines Hauses war bis zum Dach mit Seetang bedeckt, insgesamt waren es mehr als 100 Kilo. Er verkaufte sie an die Konkurrenz von Acadian Seaplants und verprasste das Geld in einem Restaurant. »Aber in einem, das garantiert keinen Seetang auf der Speisekarte hatte«, sagte er.

Apropos McDonald's: Augen auf beim Burger-Kauf. Fleischbrötchen sind leicht zu verwechseln. Viel Spielraum gibt es bei der Hamburger-Montage nicht: Ein

Salatblatt, je ein Scheibchen Tomate und Gurke sowie der Klops werden zwischen zwei pappige ketchupbeschmierte Brötchenhälften geklemmt – fertig. Der US-Konzern McDonald's, Jahresumsatz allein in Europa rund acht Milliarden Euro, geht nun gegen den irischen Konkurrenten Supermac's vor, Jahresumsatz rund 100 Millionen Euro, um die Kundschaft vor Verwirrung zu schützen.

Supermac's will nämlich nach Australien, Großbritannien und auf das europäische Festland expandieren, und das will McDonald's verhindern. Die Amis haben sich die Rechte an »Big Mac«, »McMuffin«, »McFish« und »McSonstwas« gesichert. »Supermac« könnte die Schnell-Esser dermaßen durcheinander bringen, dass sie ins falsche Fleischbrötchen beißen, fürchtet der Konzern. Bei einer Umfrage in Irland, wo beide Ketten seit 37 Jahren nebeneinander existieren, erklärten allerdings 92 Prozent der Befragten, dass sie die beiden Ketten durchaus unterscheiden können.

Pat McDonagh, ein Lehrer, hat Supermac's 1978 im westirischen Ballinasloe gegründet, McDonald's war ein Jahr früher nach Irland gekommen. Eigentlich wollte McDonagh einen Billiardsalon eröffnen, bekam aber keine Baugenehmigung. Inzwischen gibt es rund 100 Supermac's-Filialen in Irland, McDonalds hat zehn weniger. Supermac's wirbt auf Plakaten mit dem Spruch: »Irischer als Ronald.« Das stimmt nicht so ganz. Richard McDonald und sein Bruder Maurice, die das erste McDonalds's-»Restaurant« 1940 im kalifornischen San Bernadino eröffneten, stammten aus einer irischen Auswandererfamilie.

Die heutigen Eigentümer haben beim EU-Büro für Harmonisierung des internen Marktes ein 41 Seiten dickes Papier eingereicht, in dem sie begründen, warum Supermac's gefälligst in Irland bleiben soll. Neben der Verwechslungsgefahr suggeriere das Wörtchen »Super«, dass es sich bei der schnellen Mahlzeit um etwas Besseres handle. Das tut es auch, wenn auch nur marginal: Die Pommes frites sind nicht strohhalmdünn, sondern fingerdick. Und irgendwie schmeckt der Burger besser.

In Puerto Rico hat man vor einiger Zeit ein Experiment gemacht und ein komplettes »McDonald's Meal« 120 Tage lang offen stehen lassen. Trotz Hitze und hoher Luftfeuchtigkeit veränderte sich der Fraß nur geringfügig: Pommes und Chicken Nuggets waren ein wenig ausgetrocknet und etwas geschrumpft. Aber nicht mal Fliegen oder andere Insekten hatten an dem kulinarischen Horror Interesse. Vermutlich hätten sie aber auch eine antike Supermac-Speise links liegen gelassen.

»Ich bin mit der Silbe Mac in meinem Namen geboren worden«, sagt McDonagh. »Ich kann das nicht ändern. Und Mac war auch mein Spitzname in der Schulmannschaft beim Fußball.« McDonald's will dennoch, dass sich Supermac's umbenennt – kein »Super«, kein »Mac«. Und »Donagh« klingt ja auch fast wie »Donald«. Wie wäre es mit »Durchschnittsklop's«? Aber das Apostroph gehört ja auch McDonald's.

DIE SCHRUMPFUNG DER SCHOKORIEGEL

Die Hersteller von Schokoriegeln sind verantwortungsbewusste Menschen. Sie sorgen sich um die Gesundheit ihrer Kundschaft. Sie wissen, dass ihre Schokoriegel zur Verfettung der Nation beitragen, zumal Iren bisweilen zu exzessivem Verhalten neigen. Also verhelfen sie ihnen zur Selbstbeherrschung: Die Unternehmen haben ihre Produkte geschrumpft, damit irische Bäuche schrumpfen.

Als Yorkies Mitte der siebziger Jahre auf den Markt kamen, wogen sie 70 Gramm. Sie waren laut Werbung »gut, reichhaltig und dick«. Deshalb wurden sie angeblich zur Leibspeise der Lastwagenfahrern. Heutzutage wiegt ein Yorkie lächerliche 46 Gramm. Damit kommt ein Trucker nicht weit. Der Preis hat sich freilich nicht geändert.

Ähnlich verhält es sich mit KitKat, jenem Riegel, der aus zwei Schokofingern besteht, sodass Geschwister ihn sich teilen können. Die Hersteller haben offenbar darauf reagiert, dass Verhütungsmittel inzwischen überall in Irland erhältlich sind und ein durchschnittliches Ehepaar nur noch zwei Kinder hat. Früher bestand der KitKat-Riegel nämlich aus drei Fingern. Er kostet aber immer noch dasselbe, obwohl er um ein Drittel kleiner ist.

Cadbury, dessen Produkte hier ausnahmsweise als Schokolade durchgehen sollen, hat den Sechserpack Creme-Eier zum Fünferpack gemacht. Snickers und Twirl sind so klein, dass man sie im Regal leicht übersieht. Die ehemalige Einliterpackung Eiscreme von Carte D'Or enthält nur noch 900 Milliliter, und den

Smoothies von Innocent ist es ebenso ergangen. Die als einfältiges Geburtstagsgeschenk beliebte Pralinenpackung Quality Street ist von Nestlé seit den achtziger Jahren auf die Hälfte eingedampft worden.

Früher haben die Herstellerfirmen die gestiegenen Rohstoffpreise für die Schrumpfung der Produkte verantwortlich gemacht. Heutzutage schieben sie die Gesundheit vor. Unilever behauptet ernsthaft, dass man die Eiscremesorten verkleinert habe, um den Konsumenten bei einer »gesünderen Wahl als Teil eines ausgewogenen Lebensstils« zu helfen. Konsequenterweise sollte man das Zeug ganz weglassen. Das will der Konzern natürlich nicht. »Uns war es wichtig, bei Geschmack und Qualität keinen Kompromiss einzugehen«, sagte Unilever-Direktor Noel Clarke. »Unsere Produkte schmecken so gut wie immer, aber keine Eiscremeportion enthält jetzt mehr als 250 Kalorien.«

Das ist durchaus lobenswert, sind die Iren doch weltweit die viertgrößten Konsumenten von Zucker. Jeder Einwohner isst täglich 24 Teelöffel davon. Damit aber die Schrumpfung der Produkte zu begründen, ist dreist. Die Unternehmen sorgen sich nicht um die Gesundheit der Kundschaft, sondern um die Gesundheit ihrer Bilanzen. Die Regierung hat nämlich eine Zuckersteuer angekündigt.

Auch die Alkoholindustrie kümmert sich angeblich um das Wohlbefinden der Konsumenten. So verkauft Guinness eine Variante des schwarzen Bieres, die im Vergleich zum normalen Bölkstoff nur die Hälfte des Alkohols enthält. Hintergedanke ist, dass man doppelt so viel trinken kann. Da beide Varianten dasselbe kosten, verdoppelt sich der Profit der Brauerei.

Das marode irische Gesundheitssystem will man ebenfalls zum Wohle der Patienten sanieren: Krankenhausbetten sollen demnächst doppelt belegt werden. Da spart man an Bettwäsche und Heizkosten, aber der wahre Grund sei laut Gesundheitsminister O'Looney, dass der Genesungsprozess durch die körperliche Nähe beschleunig werde.

SCHOTTEN OHNE EIER

Es gebe Schlimmeres, als in einen Apfel zu beißen und einen Wurm darin zu finden, pflegte meine Großmutter zu sagen – nämlich in einen Apfel zu beißen, und einen halben Wurm darin zu finden.

Noch Schlimmeres geschah einer Mandy McKinley aus Nord-Wales. Sie hatte sich im Tesco-Supermarkt ihre Leibspeise gekauft, ein schottisches Ei. Das ist ein Snack, der aus einem hartgekochten Ei besteht, das mit Wurstmasse umhüllt, paniert und dann frittiert wird. Man isst es aber erst, wenn es kalt ist. Angeblich wurde das Gericht 1738 von der Firma Fortnum & Mason in London erfunden, aber die hat es offenbar aus der Mughlai-Küche des mittelalterlichen Indien abgekupfert.

Natürlich gibt es auch einen Wettbewerb um das Scotch Egg des Jahres, weil es in England für jeden Furz einen Wettstreit gibt. Eine vegetarische Variante gibt es auch. Dabei wird das Ei von einer Paste aus Polenta, Linsen, Haferflocken und geriebenen Karotten umhüllt. Was für ein Schwachsinn. Warum können sich die Vegetarier keine eigenen Gerichte ausdenken? Warum verhunzen sie Fleischgerichte, indem sie das Fleisch durch irgendwas ersetzen? Es gibt

Schweinepasteten ohne Schwein, Hühnerbrüste aus Soja und Tofu-Gulasch. Bah.

Doch zurück zur karnivoren Mandy McKinley. Zu Hause angekommen, biss sie in ihr Schottisches Ei und stellte entsetzt fest, dass es gar kein Ei enthielt. Eine Rache der Schotten nach dem Brexit, als Vorgeschmack auf den schottischen Austritt aus dem Vereinigten Königreich? Oder war es ein Scotch Easter Egg, das jemand ausgeblasen hatte? Sie schrieb an Tesco und beschwerte sich über das Scotch. Sie rechnete nicht damit, dass ihr Steven, der Shakespeare der Kundenbetreuung, antworten würde.

»O Ei, Ei, wofür bist du Ei? Verleugne dein Paniermehl und verweigere dein Wurstbrät«, schrieb er. »Oder wenn du nicht willst, sei meiner Liebe abgeschworen, und ich werde fürderhin kein Scotch-Egg-Esser sein. Soll ich mehr hören, oder soll ich so sprechen? Es ist nicht der Snack, der dein Feind ist. Du bist es dir selbst.« Er entschuldigte sich für das fehlende Ei – »was für ein widernatürliches Verbrechen!« – und schloss mit der berühmten Hamlet-Rede.

Dabei hat McKinley eigentlich Glück gehabt. Ich hatte als Student einen Aushilfsjob in einer Bäckerei. Die Backstube war im Keller, und es trieb sich dort allerlei Getier herum – zum Beispiel Ohrenkneifer, die an den Wänden hochkrabbelten. Der Geselle, der dem Alkohol sehr zugetan war, warf manchmal mit einer Rumkugel nach einem Tier, kratzte das Zeug von der Wand und formte wieder eine Kugel daraus. Ob jemand einen halben Ohrenkneifer in einer Rumkugel gefunden hat?

SOLLEN SIE DOCH GRAS ESSEN

Bei der BBC-Konkurrenz Channel 4 demonstriert man gerne den berühmten englischen Sinn für Humor. Über die diversen Völkermorde, die England begangen hat, bereitet man hingegen lieber das gnädige Mäntelchen des Schweigens. Neuester Beleg ist eine humoristische Serie, die Channel 4 in Auftrag gegeben hat. Das Thema ist die irische Hungersnot Mitte des 19. Jahrhunderts. Was haben die Menschen damals gelacht!

1845 wurden die Kartoffeln, das Hauptnahrungsmittel der Iren, von der Kartoffelpest befallen. Das war der Auftakt. Den ersten Winter überstanden die meisten noch, doch als die Krankheit auch die nächsten Ernten vernichtete, nahm die Katastrophe ihren Lauf. Zum Hunger gesellte sich eine Pest- und Typhusepidemie. Was die Sache zum Genozid machte, war die Tatsache, dass die britische Regierung weiterhin Vieh, Getreide und andere Lebensmittel nach Großbritannien exportierte.

Die katholische Kirche soll bei dem Völkermord kollaboriert haben: Die Historikerin Niamh Connolly erklärte in ihrem Blog, dass die Geistlichen Kartoffeln in Kissen versteckten, sie ins Ausland schmuggelten und dort auf Kartoffeljahrmärkten verkauften. Der Papst soll damals viele Fabriken, in denen Kartoffeln hergestellt wurden, geschlossen und sie in Kindergefängnisse umgewandelt haben. Eine Million Menschen verhungerte zwischen 1845 und 1850, und bis 1920 waren fünf Millionen Iren in die USA ausgewandert. Ein Sechstel der Auswanderer kam bei der Überfahrt ums Leben.

Guter Stoff für eine Komödie also. Die Serie mit dem Titel »Hungry« soll sich an »Shameless« orientieren, einer US-Serie, in der Frank Gallagher, ein irischer Auswanderer und alleinerziehender Vater von sechs Kindern, sich täglich betrinkt, während seine Kinder lernen müssen, allein zu überleben. Das lässt sich vortrefflich auf die Hungersnot übertragen: Während der Vater aus den wenigen gesunden Kartoffeln Schnaps brennt, fressen seine Kinder Gras. Oder sie rauchen es, das wäre noch komischer.

Irland sei schon immer ein Hort für schwarzen Humor gewesen, meint der Dubliner Drehbuchautor Hugh Travers, der mit dem Projekt betraut wurde. »Man sagt, eine Komödie sei eine Tragödie plus Zeit«, meint er. Die Anschläge auf das World Trade Center in New York sind ja nun auch schon mehr als ein Jahrzehnt her – also Zeit für eine Komödie? Es wäre doch lustig, Menschen zu zeigen, die wegen des Feuers aus einem Fenster im 20. Stock springen und dabei rufen: »Mal sehen, ob ich fliegen kann!«

In Irland ist das »Hungry«-Projekt auf ungläubiges Entsetzen gestoßen. Jemand hat eine Petition verfasst, die bereits von Tausenden unterzeichnet worden ist, um Channel 4 von diesem törichten Vorhaben abzubringen. Der Sender war 1982 angetreten, um eine Alternative zu den etablierten Sendern zu bieten und Minderheiten zu bedienen. Er merkte aber ziemlich schnell, dass die Einschaltquoten nicht für genügend Einnahmen sorgten. So verfiel man auf immer blödsinnigere Ideen, um Zuschauer vor die Geräte zu locken. Zuletzt war es »Benefits Street«, eine lustige Serie über eine der benachteiligsten Siedlungen in Großbritannien, wo die Mehrheit der Bewohner unter der Armutsgrenze lebt. Kritiker bezeichneten die Sendung als »Armuts-Pornografie«. Beim Drehen wurde das Produktionsteam mit Eiern und Mehl beworfen. Die Iren sollten anfangen, verfaulte Kartoffeln zu sammeln, damit sie für die Dreharbeiten der Hungersnot-Komödie gerüstet sind.

In Irland gibt es übrigens einen nationalen Tag der Kartoffel. Der Erdapfel ist das wichtigste Nahrungsmittel auf der Grünen Insel, jeder Ire und jede Irin verspeist davon 85 Kilo im Jahr – mehr als zweieinhalb Mal so viel wie im weltweiten Durchschnitt.

In welchem anderen Land werden einem denn Pommes frites zur Pizza gereicht? Manchmal ist die Pizza gar mit Kartoffelscheiben belegt. Auch zur Lasagne gibt es Kartoffeln, denn sonst gilt das italienische Nudelgericht nicht als Mittagessen. Sonntags wird in 97 Prozent der Haushalte das irische Dreierlei serviert: Röstkartoffeln, Püree und Pommes. 2014 gaben die Iren 165 Millionen Euro für die Grundbirnen aus, wie sie manchmal genannt werden. Laut einer Umfrage der Firma Keogh würden 91 Prozent der Iren Kartoffeln als Henkersmahlzeit wählen.

Am Nationalen Kartoffeltag durften Städter das Gewächs auf dem Land ausbuddeln, Restaurants veranstalteten Kartoffel-Verkostungen, und in Ardmore wurden Führungen durch eins der letzten Kartoffelbergwerke Irlands angeboten. Die Zukunft der Bergwerke ist durch Billigimporte aus China gefährdet.

Schon die Kleinsten sollen an die Knolle herangeführt werden. In Ashbourne nördlich von Dublin gibt es einen Vergnügungspark, bei dem sich alles um die Kartoffel dreht. Der »Taytopark« wird von der Kartoffelchipsfirma Tayto betrieben. Mister Tayto, ein als »Potayto« verkleideter Mann mit blauer Krawatte, rotem Jacket und schwarzem Hut, fungiert als irische

Mickymaus. Bei all dem werden jedoch die Suchtgefahren übersehen, warnte ein Nachrichtenportal aus Waterford: Jedes Jahr sterben Dutzende von Menschen an einer Überdosis, und so manche Ehe sei an der Sucht gescheitert. Einer berichtete in einer Selbsthilfegruppe, dass ihn seine Frau verlassen habe, weil er Eiscremetüten mit Kartoffelbrei gefüllt habe. Ein anderer habe seine Freundin hinausgeworfen, weil sie behauptet habe, Blumekohl-Püree schmecke wie Stampfkartoffeln. Auf den Nationalen Kartoffeltag soll später ein Kartoffelsuchtbewusstseinsmonat folgen.

TEE IST SCHEISSE

Der Engländer nimmt es persönlich, wenn man sein Nationalgetränk beleidigt. Nein, es geht diesmal nicht um lauwarmes, schales Bier, sondern um Tee. 165 Millionen Tassen von dem trüben Gesöff werden jeden Tag in England getrunken, 60 Milliarden im Jahr. Ein Engländer setzt reflexartig den Kessel auf, wenn es an der Tür klingelt. 14 Millionen behaupten, sie seien bis zur ersten Tasse Tee morgens zu nichts zu gebrauchen. Viele entwickeln einen regelrechten Hass auf Menschen, die ihnen eine schlechte Tasse Tee servieren. Wer Wasser in die Tasse gebe und erst dann den Beutel hineinwerfe, werde sofort aus dem Adressbuch gestrichen, sagte einer: »Der Geschmack einer schlechten Tasse Tee verfolgt dich ewig.«

Offenbar kann man beim Teekochen viel falsch machen. Die »Königliche Gesellschaft für Chemie« hat einen Leitfaden für die korrekte Zubereitung herausgegeben, das »Britische Institut für Normen« hat eine rivalisierende Anleitung veröffentlicht. Es geht dabei ums Prinzip: Zuerst die Milch in die Tasse, wie George Orwell 1946 empfahl, oder zuerst den Tee? Wegen dieser Glaubensfrage sind in englischen Kleinstädten bereits Kriege ausgebrochen, Eltern haben ihre Kinder enterbt, Menschen verwüsteten im Schutz der Dunkelheit mit Heckenscheren den Nachbarsgarten.

Möglicherweise war das alles für die Katz. Unter der Überschrift »Tee ist eine nationale Schande« rechnet Joel Golby mit dem trüben Gesöff ab. »Tee ist Scheiße«, schreibt er. Akademiker haben den ältesten Tee Großbritanniens ausgegraben und dadurch bewiesen, dass die Engländer seit mehr als 300 Jahren Tee-Langweiler seien. »Wie sind wir bloß so geworden?«, fragt Golby. »Niemand ruft: Moment mal, es ist bloß braunes Schmutzwasser, in das man einen Keks tunkt. Tee zu mögen ist der schlimmste englische Charakterzug, er steht auf der gleichen Stufe wie Kolonialismus und das Klassensystem.«

Die Nation heulte auf vor Wut. »Stirb gefälligst« war noch der freundlichste Ratschlag auf der Kommentarseite des *Guardian*. Auf der Webseite der »Anglo-Saxon Foundation«, einer Herde homophober, rassistischer, antisemitischer Klotzköpfe, die sich nach England vor der normannischen Eroberung 1066 zurücksehnen, ging es weniger zivilisiert zu. Einer, der sich Thegn nennt, rät dem Autor, den Tee mit Zyanid aufzupeppen, wenn er ihm nicht schmeckt: »Der Tipp des Tages für Perverslinge.«

Die Anglo-Saxons benutzen gerne altenglische Wörter – zum Beispiel schreiben sie nicht »english«, sondern »englisc«. Tee ist genau so altenglisc, er wurde schon zu Zeiten der Römer genossen, wie man aus

»Asterix bei den Briten« weiß. Allerdings fehlten damals die Teeblätter, sodass man mit heißem Wasser und einem Tropfen Milch vorliebnehmen musste.

»Trinken sie ihre eigene Pisse im *Guardian*«, fragt sich ein Huscarl, »oder ist das nur ein Gerücht?« Er vergleicht den Autor mit dem Iren William Joyce, der wegen seiner schnarrenden Stimme Lord Haw-Haw genannt wurde und für den Nazi-Rundfunk antisemitische Propagandasendungen machte, und verlangt, dass Golby ebenso gehängt wird. Dabei wäre es Strafe genug, ihn zu zwingen, englischen Tee zu trinken.

Wenn der Tee der Mörtel war, mit dem das britische Weltreich gebaut wurde, so waren Kekse die Ziegelsteine. In englischen Supermärkten findet man endlose Regale mit den verschiedensten Kekssorten. Kein Fünf-Uhr-Tee ist komplett ohne Kekse. Der Engländer an sich ist ein Krümelmonster.

Um welche Art von Krümelmonster es sich handelt, haben Psychologen ergründet. Die Vorliebe für eine bestimmte Sorte hat nämlich nichts mit persönlichem Geschmack zu tun, sondern mit der Persönlichkeit des Essers. Schüchterne Menschen bevorzugen die Marke Rich Tea, während temperamentvollere Zeitgenossen lieber Ginger Nuts essen – vor allem Frauen, die gerne mit dem Komiker Russell Brand ausgehen würden und im Urlaub nach Tokio wollen.

Die Untersuchung ist von der Keksfirma McVitie's anlässlich des Nationalen Kekstages in Auftrag gegeben worden. Der durchschnittliche Engländer isst täglich zwei Kekse. Ob Jaffa Cakes – jene kreisförmige Backware, gefüllt mit Orangengelee – mitgezählt werden dürfen, ist seit langem Streitpunkt innerhalb der Keksgemeinde. Puristen behaupten, das seien gar keine Kekse, und sie haben rein juristisch gesehen recht. McVitie's hat 1991 gerichtlich feststellen lassen, dass das Produkt als Kuchen einzustufen sei, damit keine Mehrwertsteuer fällig wird. Das ist natürlich Quatsch. Wie soll man zum Kindergeburtstag zwölf Kerzen in einen Jaffa Cake stecken? Und außerdem findet man das Zeug im Supermarkt stets bei den Keksen, und nie im Kuchenregal.

Wer Fruit Shortcakes mag, verbringt die Ferien gerne zu Hause, schaut sich die Seifenoper »Neighbours« an, wünscht sich etwas mehr Geduld und lebt in Nordwestengland, so fand die Studie heraus. Milk-Chocolate-Digestive-Liebhaber hingegen fliegen im Urlaub nach Spanien, sehen am liebsten »Coronation Street« und würden gerne ein Bier mit dem schlichten Ex-Fußballer David Beckham trinken.

Was die Untersuchung über die einfachen Digestives, den Lada unter den Kekssorten, zutage förderte, war verblüffend. Laut Gesetz ist jeder Engländer verpflichtet, mindestens eine Packung davon vorrätig zu haben, falls die Queen überraschend zu Besuch kommt. Das Zeug schmeckt wie etwas, das beim Schreiner zusammengefegt wurde. Schon allein der Name! In der Sprache der Mediziner bedeutet er »verdauungsfördernd«. Wer greift denn zu einem Nahrungsmittel, das wie ein kleiner Helfer für den Darm klingt?

Doch laut Untersuchung sind Digestive-Freunde die lebenslustigsten Keksesser. Sie sehen sich gerne »Hollyoaks« an, jene TV-Serie über Schüler aus der Vorstadt, ihre Disney-Lieblingsfigur ist Elsa aus »Frozen«, und sie würden gerne mit dem Model Cara Delevingne ausgehen. Doch aufgepasst! Digestive führt zu Blähungen, und der romantische Abend mit dem Fotomodell könnte sich schnell in heiße Luft auflösen.

Neben Keksen sind Sandwiches so englisch wie der Fünf-Uhr-Tee, wie Pfefferminzsauce, Roast Beef und Niederlagen im Elfmeterschießen. Keine Feier, bei der nicht Sandwiches gereicht werden. Selbst bei Hochzeiten oder Beerdigungen werden spät am Abend, wenn das Festmahl verdaut ist, Türme von Sandwiches serviert. Meist sind es harmlose Exemplare, mit Butter und Senf bestrichen, und mit Schinken oder Käse belegt. Der Klassiker ist BLT, Bacon, Lettuce und Tomato, mit fetter Mayonnaise. Aber Sandwiches bergen wie Bläh-Kekse ebenfalls Gefahren. Welcher Engländer kennt es nicht, welcher Engländerin ist es nicht schon unzählige Male passiert, dass man in ein prall gefülltes Sandwich beißt, und sich die Füllung auf das Hemd oder das Tweed-Kostüm ergießt?

Was aber ist ein Sandwich überhaupt? Gehört ein Hamburger dazu? Natürlich nicht. Zwar ist das Brötchen beim Doppelwhopperwürger genauso pappig wie das Weißbrot, aber es ist nicht flach, wenn man sich nicht draufsetzt. Und ein gerolltes Sandwich – ein »Wrap«, wie es genannt wird – ist eine alberne ausländische Imitation, die an das Original nicht heranreicht. Der geniale Harry Rowohlt hat einmal gesagt: »Ich werde als Übersetzer nicht dafür bezahlt, dass ich Sandwich mit Sandwich übersetze, sondern mit Klappstulle.«

In englischen Supermarktabteilungen hat man die Klappstullenkultur zum Äußersten getrieben. Es gibt die Papptaschen gefüllt mit Pute, Kohl, Kartoffelscheiben und Sauce – ein ganzes Weihnachtsmahl zwischen zwei Weißbrotscheiben. Wer es lieber indisch mag, kann auf ein Chicken-Tikka-Massala-Sandwich zurückgreifen. Oder auf eine Thunfischfüllung, die es aber nur mit Mais gibt. Wer hat eigentlich entschieden, dass es Thunfisch niemals ohne Mais geben darf?

Ein Gary Ehasoo hat ein spezielles Sandwich-Messer erfunden. Es hat zwei parallele Klingen, wobei die linke etwas breiter ist als die rechte. Schneidet man ein Weißbrot, denn anderes Brot gibt es nicht in England, so ist die linke Scheibe vom Brotlaib getrennt, aber sie hängt noch an der unteren Kante mit der rechten Scheibe zusammen. »Wenn die untere Kante intakt ist, versiegeln die Hände die beiden Öffnungen an der Seite«, meint Ehasoo, »sodass nur noch eine Seite offen ist, von der man isst.«

Aber Engländer essen hauptsächlich Toastbrot. Das ist die vorgeschnittene Variante eines Weißbrots, die man nicht fallen lassen darf, weil das gummiartige Gebäck sonst davonspringt und nicht mehr einzufangen ist. Man könnte die Toastscheiben natürlich mit japanischem Klebreis an einer Seite versiegeln und hätte dann denselben Effekt. Oder man nimmt ein normales Messer und trennt die erste Scheibe nicht ganz vom Laib. Oder man wendet sich vernünftigen Ernährungskriterien zu, verlässt England und wandert in schönere Gegenden aus – also irgendwohin, wo weder England, noch Sandwiches sind.

Irland gehört nicht zu solchen Gegenden, auch dort gibt es Sandwiches. Im Regal der Tankstelle im westirischen Kilcolgan lag ein eingeschweißtes Sandwich, gefüllt mit »Pulled Pork«, in limitierter Auflage. Diese Schweinefetzen nach nordamerikanischem Vorbild haben einen Siegeszug angetreten. Was kommt als Nächstes? Gerupftes Huhn? Gezupfte Lammbrauen? Offenbar kann man den Verbrauchern alles andrehen. Sogar limitierte Schweinereste, die man früher weggeschmissen hat.

Ich fragte die Verkäuferin, wieso die Klappstulle limitiert sei? Das sei doch logisch, antwortete sie: »Wenn alle Sandwiches verkauft sind, gibt es keine mehr.« Und morgen? »Dann kommt wieder eine neue Lieferung«, sagte sie. Aber dann sei das Sandwich doch nicht limitiert, wandte ich ein. »Doch, natürlich«, meinte sie völlig unbeeindruckt. »Es steht ja ein anderes Verfallsdatum drauf. Das ist eine völlig andere Auflage, die ebenfalls limitiert ist.« Ich hatte es offenbar mit einer bibliophilen Stullenverkäuferin zu tun und gab mich geschlagen.

Sandwiches mit eingeschränkter Stückzahl kommen wie das Schabeschwein aus den USA. Bereits vor zwei Jahren hat Katz's Deli ein »Roast beast« herausgebracht, das nur vom 17. bis 28. Dezember verkauft wurde. Das gigantische Röstbiest für 22 Dollar enthielt Truthahn, Roastbeef, weiche Salami, russische Sauce und Coleslaw. Letzteres ist ein Salat aus Weißkohl und Möhren, die mit fettiger Mayonnaise vermischt werden. Seit es Mülltrennung in Irland gibt, hat jeder Haushalt vier Tonnen: eine für Papier und Plastik, eine für Kompost, eine für Restmüll und eine für Coleslaw. Man bekommt das Zeug zu jedem Gericht serviert, aber niemand hat es je gegessen.

Wegen der bereits erwähnten Sandwich-Obsession der Engländer gibt es natürlich auch dort limitierte Sandwich-Auflagen, die allerdings auf den außergewöhnlichen englischen Gaumen zugeschnitten sind. Tesco brachte ein Lasagne-Sandwich auf den Markt: Hackfleisch, zwei Pastaplatten und weiße Sauce zwischen zwei Brotscheiben.

Die Supermarktkette Asda verkaufte eine (sehr kurze) Zeit lang eine Art Ikea-Sandwich zur Selbstmontage. Für 60 Pence bekam die Kundschaft Weißbrotscheiben mit Butter und eine Tüte Kartoffelchips. Die musste der Käufer öffnen, den Inhalt auf das Brot verteilen, es zusammenklappen und die Chips mit dem Handballen zerdrücken.

In dem Tankstellenladen in Kilcolgan hatte sich inzwischen eine deutsche Kleinfamilie eingefunden. Aus deren Unterhaltung konnte man entnehmen, dass man nach Irland gereist war, weil die etwa siebzehnjährige Tochter ihre Englischkenntnisse aufbessern sollte. Ihre Mutter forderte sie auf, sich bei der literarischen Stullenverkäuferin zu erkundigen, ob es auch Erdnussbuttersandwiches gebe. Die Tochter schaute ihre Mutter nachdenklich an und fragte: »Wieso heißen diese Klappscheiben eigentlich Sandhexen?« Viel Glück beim Englisch-Abi.

LOVE
BOX
©TOM

LIEBER EINE EITERBEULENSUPPE

Eigentlich wollte ich mich nicht mehr über Bono und U2 auslassen. Dafür ist die Band längst zu irrelevant, und über Bono zu lästern, ist wie ein totes Pferd treten. Aber der singende Dubliner Klotzkopf lässt nicht locker mit seinen Versuchen, die desinteressierte Musikwelt zu beglücken. U2 haben ihr 13. Album »Songs Of Innocence« aus Angst vor blamablen Verkaufszahlen an 500 Millionen iTunes-Kunden verschenkt. Das ungebetene Präsent wirkte auf viele wie eine Einladung zur Eiterbeulensuppe, die man nicht ablehnen kann.

Philosoph Bono (»Wenn ich der Musik nahe stehe, und du stehst der Musik nahe, dann stehen wir uns beide nahe«) hat nichts daraus gelernt. Die Band legte nach und veröffentlichte – passend zu den elf Songs des Albums – elf Filmchen, die von elf der »bedeutendsten urbanen visuellen Künstler« hergestellt wurden. Einer davon ist Oliver Jeffers, der Kinderbuchautor, der über Pinguine und kleine Jungs auf dem Weg zum Mond schreibt. Er ist ein Freund der Band und durfte schon mal ein Single-Cover zeichnen.

Sein Kollege Todd James hätte sich das Lied vielleicht anhören sollen, bevor er seinen Film drehte. Er hätte dann gemerkt, dass »The Troubles« gar nicht vom Nordirland-Konflikt handelt. So tauchen in seinem Streifen vermummte Gestalten auf, die Brandbomben werfen und sich mit der Polizei Scharmützel liefern. Der Film zum Song »Raised By Wolves« des portugiesischen Künstlers Vhils zeigt originellerweise Wölfe, die in Zeitlupe durch die Stadt stromern.

So weit, so banal. Hätte es sich dabei um ein paar Musikvideos gehandelt – Schlamm drüber. Aber es seien »Kunstfilme«, bombastete Bono, es handle sich um ein »globales multidisziplinäres Gruppenprojekt«. Man muss der Band zugute halten, dass sie der arglosen Kundschaft die Filmchen nicht wieder ungefragt ins Nest – beziehungsweise in die iTunes-Inbox – gelegt hat. Man kann sie bei iTunes kaufen. Man kann es aber auch sein lassen.

Als weltberühmter Gutmensch hat es sich Bono nicht nehmen lassen, bei der neuesten Neuauflage von »Do They Know It's Christmas« mitzumischen. Der Erlös soll der Bekämpfung von Ebola in Afrika, wo laut Liedtext »niemals irgend etwas wächst«, zugute kommen. Käme er der Bekämpfung von Bono zugute, würde ich die Scheibe kaufen – trotz des widerlich gönnerhaften Songs des schlichten Bob Geldof, hauptberuflich ebenfalls Gutmensch. Natürlich wissen die buschgötzengläubigen Afrikaner in ihrer »Welt aus Angst und Furcht« nicht, dass Weihnachten ist.

2015 war das Wohltätigkeitsprojekt noch pompöser als die früheren Versionen, das Lied wurde in mehreren Sprachen aufgenommen. Für die deutsche Version war die tote Hose Campino zuständig, was bei einem Fortuna-Düsseldorf-Fan wenig überrascht. Mit dabei sind das Hutgesicht Udo Lindenberg, Dialektsänger Wolfgang Niedecken, Rechtsmediziner Börne und der Untote Peter Maffay.

Die wunderbare Band Chumbawumba hat bereits 1986 ein Album mit dem Titel veröffentlicht: »Bilder von hungernden Kindern verkaufen Schallplatten.«

Das schönste zeitgenössische Weihnachtslied stammt vom früheren Pogues-Sänger Shane MacGowan. Der schräge Song »Fairytale of New York« wird jedes Jahr zum Fest in Millionen von Haushalten aufgelegt. Sein Markenzeichen hat MacGowan inzwischen verloren. Er hat zwar immer noch Ringe unter den hellblauen Augen und eine breite Nase, aber wenn er lacht, entblößt er eine tadellose weiße Zahnreihe, lediglich unterbrochen durch einen Eckzahn aus Gold.

Niemand, nicht mal seine Mutter, hat ihn jemals mit einem kompletten Gebiss gesehen, denn ihm fielen bereits die zweiten Zähne aus, als er noch ein paar Milchzähne hatte. Seinen letzten eigenen Zahn verlor er 2008, als er im Vollrausch in die Vinylscheibe der Greatest Hits von den Beach Boys biss. Sky Arts zeigte nun einen 60-minütigen Dokumentarfilm über die Restaurierung von MacGowans Kauwerkzeugen: »Shane MacGowan: Ein wiedergeborenes Wrack.« Es wäre passender gewesen, den Film zu Halloween zu zeigen, so furchterregend war er.

Der Kieferchirurg Darragh Mulrooney machte sich neun Stunden an MacGowans Mund zu schaffen. Er habe den »Everest der Zahnmedizin« erklommen, sagte Mulrooney danach, aber es habe sich gelohnt. Der Anblick von MacGowan, der zum ersten Mal seit zwanzig Jahren in einen Apfel biss, sei rührend gewesen. Aber die neuen Zähne werden seinen Gesang beeinflussen, warnte Mulrooney.

Schon bei den ersten Auftritten der Pogues, die MacGowan 1981 gegründet hatte, erstarrten die Zuschauer vor Schreck, wenn er mit weit geöffnetem Mund sang. Alkohol und Heroin beschleunigten den Entzahnungsprozess. MacGowan erzählt, seine Tante Nora habe ihm im Alter von vier Jahren das Versprechen abgenommen, sich niemals mit dem Teufel einzulassen, und ihm als Belohnung Alkohol verabreicht. Mit zehn Jahren habe er Whiskey entdeckt, und seitdem sei er Gewohnheitstrinker.

Trotz Suff und Drogen blieb MacGowan aber ein genialer Komponist und Songwriter. Zuerst nannte er seine Band »Pogue Mahones«, was auf dem irischen Ausdruck »Póg mo thóin« basierte. Weil das »Leck mich am Arsch« bedeutet, spielten die Radiosender ihre Platten nicht, sodass man sich umbenannte.

Bei den Pogues-Konzerten stank es meistens nach Kotze, und es war nicht das Publikum, das sich übergeben hatte. MacGowan schwenkte stets eine Flasche Whiskey in der einen Hand, in der anderen das Mikrofon. 1992 warfen ihn seine Mitmusikern wegen »unprofessionellem Verhalten« hinaus, holten ihn aber knapp zehn Jahre später wieder zurück, weil sie ohne ihn nur eine Allerweltsband waren. MacGowan machte dort weiter, wo er aufgehört hatte: 2002 erbrach er sich bei einem Konzert im Dubliner Olympia Theatre über die Zuhörer in der ersten Reihe.

ES STINKT NACH TV-EXKREMENTEN

Bei Jeremy Kyles Show stinkt es nach Scheiße. Er hat sich von seiner Frau getrennt. Aber das gehe niemanden etwas an, hat er in einer Presseerklärung verkündet. Er heuerte einen Rechtsanwalt an, der für den Schutz seiner Privatsphäre sorgen soll. Kyles Privatleben interessiert mich nicht im geringsten. Aber man muss schon eine ziemliche Knalltüte sein, wenn man von der Missachtung der Privatsphäre anderer lebt und gleichzeitig seine eigene schützen will.

Im Frühstücksfernsehen des britischen Senders ITV läuft seit zehn Jahren die Jeremy Kyle Show. Dazu lädt der 50-jährige mit Vorliebe Verlierer ein, die er fertig machen kann: Alkoholiker, Straßenkinder, Ehebrecher. Ein Gast musste sich umziehen, weil auf seiner Kleidung Reklame zu sehen war. Er bekam von der Produktion einen Trainingsanzug. Kyle machte ihn dann wegen seiner Bekleidung zur Schnecke.

Die Sendungen stehen stets unter einem bestimmten Motto, zum Beispiel: »Ich beweise, dass das Kind, das du missbraucht hast, in Wirklichkeit dein Sohn ist.« Oder: »Mein Vater ist mit meiner Verlobten durchgebrannt.« Damit bei der Schmuddelshow auch ordentlich etwas los ist, hat das Produktionsteam vor Sendebeginn einen Alkoholiker mit Schnaps gefüttert und die Gäste ermuntert, ihrer Wut freien Lauf zu lassen. Einmal streckte ein Mann, der gerade von der Affäre seiner Frau erfahren hatte, seinen Nebenbuhler mit einem Kopfstoß zu Boden.

Dafür musste er vor Gericht. »Ich hatte neulich das Missvergnügen, die Jeremy Kyle Show zu sehen«, urteilte Richter Alan Berg. »Es scheint mir, dass der Zweck dieser Show darin besteht, dysfunktionale Menschen vorzuführen, in deren Leben das Chaos herrscht.« Es erinnere ihn an eine Bärenhatz, sagte er und fügte hinzu: »Die selbstgerechten Macher dieser Show gehörten eigentlich auf die Anklagebank.«

Es stinkt nach Exkrementen, wenn Kyle den Mund aufmacht und seinen Schmutzkübel über die Gäste auskippt. Dabei sieht er sich als Retter Großbritanniens. Er hat ein Buch geschrieben, in dem er die britische Gesellschaft analysiert. Sie sei kaputt, weil die

Familien kaputt seien, schreibt Kyle, der zwei kaputte Ehen und vier Scheidungskinder vorweisen kann. Zu viele Menschen seien von Suchtmitteln abhängig, beklagt Kyle, der früher spielsüchtig war. Teenager seien zu promiskuitiv und haben viel zu früh Sex, findet Kyle, der einem 16-jährigen Schulmädchen nachstellte, als er 35 war. Er schrieb ihr schmachtende Briefe, flehte sie an, ihre Schuluniform anzuziehen und »fummelte« nach eigener Aussage mit ihr in seinem Auto. Der Unterschied zwischen ihm und seinen Showgästen besteht offenbar lediglich in einem teuren Anzug und einem hohen Einkommen.

Einmal hat sich jemand gewehrt. Als Kyle in dem britischen Säuferparadies Magaluf auf Mallorca drehen wollte, verpasste ihm jemand eine Ladung Pfefferspray. Kyle jammerte in die Kamera: »Meine Augen brennen, ich kann nicht richtig sehen, meine Kehle brennt, ich bin verwirrt und habe Angst.« Wer einmal seine Show gesehen hat, kennt das Gefühl.

Im Gegensatz zu Kyle gehört die Toilette zur Kultur, es gibt sogar einen Welttoilettentag. In Irland haben die öffentlichen Männertoiletten jedoch etwas mit Kyle gemein: Sie sind ein Ort des Grauens. Je später der Abend, desto schweinischer die Gäste. Die weniger schweinischen Iren machen sich deshalb lieber ins Höschen, als eine öffentliche Toilette zu benutzen, so hat eine Umfrage der Sanitärfirma »Initial Washroom Solutions« ergeben. Von den anderen, die das Risiko auf sich nehmen, schweben drei Viertel über der Klobrille, damit sie nicht in Berührung mit dem verseuchten Sitz kommen. Das aber führe zu Harnleiter-Infektionen, weil sich die Blase in der Hockstellung nicht vollständig entleere, warnten Experten.

Einmal war es bei mir auch so dringend, dass ich

mich mit angehaltenem Atem in einem Pub in der Dubliner Innenstadt kurz vor der Sperrstunde aufs Klo begab. Am Handwaschbecken stand ein Mann mit heruntergelassener Hose und wusch sich den Hintern. Das ist selbst in irischen Kneipentoiletten ungewöhnlich. Ob es kein Klopapier gebe, was zu dieser späten Stunde normal wäre, oder ob er unter Waschzwang leide, sodass ihm Papier nicht ausreiche, fragte ich ihn. Er packte mich am Arm, und für einen Moment fürchtete ich, dass er mich vermöbeln würde, aber er zog mich zu einer offenen Toilettenkabine. Ich werde den Anblick nie vergessen: Ein Spaßvogel hatte Klarsichtfolie unter die Klobrille gespannt, sodass... Na, den Rest können Sie sich denken. Ich schaute so betroffen wie in dieser Situation möglich, denn das Opfer des Streiches war einen Kopf größer als ich.

Es scheinen sich ohnehin jede Mege Spaßvögel auf Irlands Toiletten herumzutreiben. Vor einiger Zeit versuchte ein Gerald Grimes auf der Toilette der Shenanigans-Bar in Dublin, seinem Freund einen Tritt in den Hintern zu verpassen. Der trat jedoch zur Seite, sodass der Tritt ins Leere ging. Grimes rutschte aus und fiel in die Pinkelrinne. Dabei verletzte er sich am Knie. Grimes verklagte den Besitzer der Bar wegen grober Fahrlässigkeit.

Richter Anthony Barr wies die Schadensersatzklage ab, denn Grimes habe Unfug im Sinn gehabt. Offenbar habe er sich vom Namen der Bar inspirieren lassen: »Shenanigans« bedeutet Schabernack. Und »Grime« ist Schmutz oder Dreck, was den Kläger in der Pinkelrinne treffend beschreibt.

In Cork fahndet die Polzei noch nach einem Ehepaar mit drei Kindern, um sie vor Gericht zu stellen. Weil in dem Haus, das die Familie gemietet hatte, die Toilette verstopft war, benutzte sie stattdessen monatelang Plastikmüllsäcke, ohne sie zu entsorgen. Als es wegen des Ungeziefers und des Gestanks zu ungemütlich wurde, verschwanden die Leute über Nacht. Der Hausbesitzer wird das Haus wohl abreißen lassen.

Nach all diesen Informationen über irische Toiletten wird es Sie wenig überraschen, dass ein Cocktail, der zu gleichen Teilen aus irischem Sahnelikör, Karamellschnaps und Kaffeelikör besteht, »Dirty Toilet« heißt.

LÜGNER HABEN VOLLE BLASEN

Wer dringend pinkeln muss, lügt besser. Zu dieser bahnbrechenden Erkenntnis sind Wissenschaftler der California State University gekommen. Bei ihren Experimenten konnten sie eine »inhibitorische Nebenwirkung« feststellen. Die tritt auf, wenn »unsere Aufmerksamkeit auf eine Aufgabe eine andere begünstigt«.

Die Versuchsteilnehmer wurden in zwei Gruppen eingeteilt. Die erste Gruppe bekam nur ein paar Schluck, während die zweite Gruppe Unmengen Wasser in sich hineinschütten musste. Danach erzählten sie dem Versuchsleiter eine Geschichte, und er notierte, ob sie ehrlich oder gelogen war. Dann zog er einen Außenstehenden hinzu, der anhand von Körpersprache herausfinden sollte, wer log und wer nicht.

Es stellte sich heraus, dass er die lügnerischen Probanden mit vollen Blasen viel schwerer entlarven konnte als die mit leeren Blasen, weil ihre Geschichten länger und komplexer waren. Eigentlich merkwürdig. Wenn ich dringend aufs Klo muss, bin ich kurz angebunden und erzähle keine ausufernden Märchen.

Auf der Webseite wikiHow, die damit prahlt, Anleitungen für jede Lebenslage zu bieten, erfährt man, wie man Lügner erkennt. Sie fassen sich angeblich öfter an die Nase oder halten die Hand vor den Mund, um die Lügen zu verdecken. Wenn Rechtshänder die Wahrheit sagen, bewegen sich die Augen nach links oben, bei einer Lüge nach rechts oben. Bei Linkshändern sei es umgekehrt. Und wer etwas behaupte, dabei aber den Kopf schüttle, entlarve sich selbst. Interessant.

Manchmal kann man Lügner an ihrer Nase erkennen, auch wenn sie nicht Pinocchio heißen. Mein Kollege Aribert Weis und ich hatten im Zuge der Rinderwahnkrise oft mit Keith Meldrum, dem Chefveterinär der britischen Regierung, zu tun. Beim ersten Interview hatte er einen kleinen schwarzen Punkt auf der Nase, der im Laufe der Jahre immer größer wurde. 1997 wurde er aus dem Amt entfernt, weil ihm nicht mal mehr die Rinder glaubten. Damals war seine Nase rabenschwarz.

Das Sprichwort, wonach Betrunkene stets die Wahrheit sagen, muss aufgrund der Studie revidiert werden. Sie können lediglich besser lügen, weil ihre Blasen voller Bier oder Wein sind. Eine Erhebung in Großbritannien hat ergeben, dass britische Männer gerne die Alkoholmenge, die sie intus haben, beschönigen. Eigentlich müssten sie damit ja durchkommen, aber es hängt wohl von der Menge ab: Wenn man lallt, nützt einem auch die volle Blase nichts.

Die kalifornische Studie erklärt, warum es im irischen Parlament, wie wohl in den meisten Volksvertretungen, eine große Bar gibt. Sie dient der Verschleierung. Neben dem Bett und anderem Paarungsmobiliar sei die Politik »das größte lügenverseuchte Gebiet überhaupt«, schreibt Wolfgang Limmer in seinem Standardwerk »Männer lügen«.

In den sozialen Medien ist Lügen fast Pflicht, oder hat sich schon mal jemand auf Facebook als pickliger Langweiler geoutet? Ich werde übrigens öfter mit George Clooney verwechselt, liebe Leserinnen. Ehrlich! Jetzt muss ich aber schnell aufs Klo.

SEX IN DER KISTE

Apropos Paarungsmobiliar: Den Amis kann man alles andrehen. Der britische TV-Sender Channel 4 hat dem US-Fernsehen das Konzept für eine »wissenschaftliche« Serie über Geschlechtsverkehr verkauft, die in Großbritannien vor zwei Jahren lief und wegen krimineller Verbreitung von Langeweile nach sieben Folgen abgesetzt wurde. Die Amis merkten es allerdings schneller: Sie hatten zwar neun Folgen geordert aber nach fünf Shows die Reißleine gezogen. Mal sehen, wie lange es bei SAT1 Gold dauert. Dort soll die adaptierte Show demnächst gezeigt werden.

Das Konzept von »Sex Box«, wie die englische Show hieß, war simpel. Ein Pärchen begab sich in eine große, geschlossene Holzkiste auf einer Bühne, vögelte eine halbe Stunde und redete dann vor Studiopublikum mit der Moderatorin Mariella Frostrup darüber. Die Paare seien »offener für Gespräche über Sex, wenn sie selbst gerade welchen hatten«, meinte Ralph Lee, der Programmchef von Channel 4. Reden Hooligans im Fernsehen offener über Gewalt, wenn sie vorher jemanden im Studio vermöbeln dürfen?

Channel 4 hatte die Sex Box damals als Gegengewicht zur »Explosion von Online-Pornografie« verbrämt: Man wolle den Sex nicht der Pornografie überlassen. Die Show war Teil einer »Kampagne für richtigen Sex«, was immer der Engländer darunter versteht. Das erinnert fatal an die irregeleitete »Kampagne für richtiges Ale«. Weil die Engländer kein anständiges Bier brauen können, haben sich die Anhänger der Kampagne auf eine schale Brühe spezialisiert, die ohne Kohlensäure gezapft wird.

Die Sex Box, sagte Lee, biete der Öffentlichkeit die Gelegenheit, zu sehen, wie normaler Sex funktioniere. In einer Holzkiste auf einer Bühne vor Studiopublikum, um danach alles brühwarm Frau Frostrup zu erzählen? Die hat übrigens an Angela Merkel geschrieben. Nein, sie wollte die Kanzlerin nicht in die Fickbox einladen. Sie solle sich gefälligst auf die Förderung von Frauen konzentrieren, forderte Frostrup.

Lee behauptete, es sei »merkwürdigerweise eine ziemlich keusche Sendung – es gibt darin keinen Sex«. Was trieben die Leute denn in der Kiste? Stand dort überhaupt ein Bett? Musste Channel 4 dafür die berüchtigte Schlafzimmer-Steuer der Tories zahlen? Die Kiste wurde mit bunten Laserstrahlen beleuchtet, um zu suggerieren, dass drinnen etwas Spannendes passierte. Spanner kamen aber nicht auf ihre Kosten. Deshalb stellten die meisten Zuschauer die Kiste nach einer Viertelstunde ab. Oder sie schalteten auf »Big Brother« um: Dort ist die Sex Box größer und hat innen Kameras. Trotz der schlechten Quote plant Channel 4 eine Fortsetzung: Diesmal soll ein Masturbatorium auf die Bühne gestellt werden. Der damalige Bildungsminister Michael Gove riet Jugendlichen, sie sollten statt zu vögeln sich lieber gegenseitig Liebesgedichte zuschicken – mit Hilfe der kostenpflichtigen Handy-App »Love Book«, die von einer Freundin seiner Frau entwickelt worden war. Mit solch einem Bildungsminister und einem Fernsehsender, der Sex mit Sex bekämpft, werden die Engländer bald die Lust verlieren und aussterben.

DIE BRAUNE INSEL

Die Fans von »Star Wars«, zu deutsch »Krieg der Sterne«, mögen bitte davon Abstand nehmen, diesen Text zu lesen. Ich sage es vorweg: Ich habe mir vor langer Zeit eine der Folgen angesehen, fand sie unendlich langweilig und hakte die Sache für mich ab. Statt dieses Märchens vom andauernden Kampf zwischen Gut und Böse in einer »weit entfernten Galaxie«, verbrämt als Science Fiction, lese ich lieber ein Buch der Gebrüder Grimm.

Dass ich mich dennoch zu dem Sternenquatsch äußere, hat einen Grund: Im Gegensatz zu »Star Wars« liegt mir Skellig Michael am Herzen. Auf dem Felsen, der rund zwölf Kilometer vor der Küste Südwestirlands im Atlantik liegt, steht eine mittelalterliche Klosteranlage, die zum Weltkulturerbe gehört. Man erreicht sie über eine Steintreppe mit fast 600 Stufen. Was müssen die Mönche damals geschuftet haben, um die Anlage zu errichten. Und dann mussten sie sich 823 auch noch einem Ansturm der Wikinger erwehren.

Heute wohnt niemand mehr auf der Insel, sie ist aber Brutstätte für Papageientaucher und Trottellummen. Das Parlament in Dublin hingegen ist eine Brutstätte für andere Trottel. Einer von ihnen, der Abgeordnete Jimmy Deenihan, hatte die Disney-Filmproduktionsfirma eingeladen, die Star-Wars-Filme VII und VIII auf Skellig Michael zu drehen.

Ein anderer Trottel, Kulturministerin Heather Humphreys, hatte für die Dreharbeiten ein Marineschiff angefordert. Die LÉ Samuel Beckett sollte Neugierige während der Dreharbeiten von der Insel fernhalten. Humphreys hat seit ihrem Amtsantritt wiederholt bewiesen, dass sie von Kultur keine Ahnung hat, und Irisch kann sie auch nicht, obwohl sie für die Gaeltachts, die irischsprachigen Gebiete, zuständig ist.

Humphreys gab bekannt, Disney erwarte, dass alles geheim bleibe, bis die Filmfirma »bereit sei, die Verlautbarung abzugeben, die sie in Verbindung mit ihren Projekten abgeben will«. Der verschwurbelte Satz bedeutet, dass die Bevölkerung nur dann erfährt, was mit ihrem Weltkulturerbe geschieht, wenn Disney das will.

Disney wollte wohl nicht, dass jemand von den Schäden erfährt, den das Filmteam angerichtet hat. Der Eingang zum Kloster ist beschädigt worden, und acht Stufen müssen ebenfalls repariert werden – auf Kosten der irischen Steuerzahler. Man hat Disney nicht mal eine Gebühr für die Benutzung der Insel oder den Einsatz des Marineschiffs abgeknöpft. Die Arschkriecherei der Politiker vor einem der größten Medienkonzerne der Welt geht so weit, dass die Grüne Insel demnächst in Braune Insel umbenannt wird.

Der Film werde Skellig Michael in der ganzen Welt bekannt machen, rhabarberte Deenihan. »Milliarden

Menschen werden die Filme sehen, und tausende Touristen werden zum Felsen kommen.« Bisher hatte Skellig Michael nur deshalb intakt überlebt, weil nicht so viele Touristen auf die abgelegene Insel gekommen sind. Möge Disney den Trottel in eine möglichst weit entfernte Galaxie beamen.

DIE WEISSE DAME IM FENSTER

Eibhlín war empört. Ich hatte sie gefragt, ob sie eine weiße Dame besitze, und sie blaffte mich an: »Gehöre ich deiner Meinung nach zur Unterschicht, nur weil ich in Finglas wohne?« Finglas ist ein Arbeiterviertel im Norden Dublins. In den Sozialbauwohnungen lungern seit Jahren weiße Damen auf den Fensterbrettern herum. Von Finglas dehnte sich der Brauch auf andere Arbeiterviertel der irischen Hauptstadt aus.

Die weiße Dame ist eine kleine Gipsstatue einer Frau, die nur mit einem knappen Tuch bekleidet ist und sich lässig an einen Felsen zurücklehnt – Dublins Version der Venus von Milo, der halbnackten Statue der griechischen Göttin Aphrodite. Aber wen oder was stellt die weiße Dame dar?

Jeder hat seine eigene Meinung dazu. Es sei das Zeichen für ein Bordell, glauben viele. Es ist jedoch unwahrscheinlich, dass manche Viertel nur aus Puffs bestehen. Ebenso wenig überzeugend ist die Theorie, dass man in den Häusern Drogen kaufen könne. So blöd ist die irische Polizei nicht, dass sie nicht selbst darauf kommen würde. Die weiße Dame zeige an, dass die Bewohner Schutzgeld bezahlt haben, behaupten andere. Eine Quittung für räuberische Erpressung? Die kalifornische Dokumentarfilmerin Jessie Ward O'Sullivan ist überzeugt, dass Eltern, deren Kinder im Mountjoy-Gefängnis einsitzen, die weiße Dame aufstellen: »Statt einer Kerze im Fenster.«

Die Interpretationen werfen eher ein Licht auf die Interpreten. Offenbar glauben sie, dass Kunst in Arbeitervierteln entweder mit Gangstern oder mit Nutten zu tun haben muss. Es geht der weißen Dame wie Molly Malone, deren Statue in der Innenstadt steht. Sie soll Prostituierte gewesen sein, munkelt man, aber dafür gibt es keinen Beleg. Gesichert ist lediglich, dass sie im 17. Jahrhundert aus einem Schubkarren Fische verkauft hat und am 13. Juni 1699 am Fieber gestorben ist. Ob das nach ihr benannte populäre Lied sich aber tatsächlich auf diese Molly bezieht, ist ungewiss. Die Stadoberen haben den 13. Juni trotzdem zum »Molly Malone Day« ernannt.

Es spielt ja auch keine Rolle. Ein irisches Sprichwort lautet: »Die Wahrheit soll niemals einer guten Geschichte in die Quere kommen.« Das gilt auch für die weiße Dame. Die Wahrheit ist in ihrem Fall profan, aber ich verrate sie nicht, um den Mythos nicht zu zerstören. Es sei lediglich erwähnt, dass die Gipsstatuen von der Firma Dublin Mouldings in der Parnell Street hergestellt werden. Deren Besitzer rückt aber auch nicht mit der Bedeutung der Statue heraus, sondern verweist lediglich auf seine Webseite. Die gibt es aber gar nicht. Direkt vor seinem Laden befindet sich die Haltestelle für den Bus 40, der nach Finglas fährt. Sollten die Bewohner dieses Viertels die Statue aus Langeweile gekauft haben, während sie auf den Bus warteten?

Am ersten Weihnachtsfeiertag bekam ich eine Textnachricht von Eibhlín: »Ich habe jetzt eine weiße Dame. Deine Tochter hat sie mir geschenkt – als Weihnachtsbaumschmuck. Jetzt weiß ich, was ihr von mir haltet.«

FRANKENSTEINS GRAB

Der Bischof hat sich seit 1879 nicht mehr in seiner Diözese blicken lassen. Dabei hat Kilfenora in der westirischen Grafschaft Clare einiges zu bieten: das Interpretationszentrum für den Burren, jene beeindruckende Karstlandschaft; eine Kathedrale aus dem 12. Jahrhundert; fünf keltische Hochkreuze; und schließlich Irlands älteste Céilí Band, eine traditionelle Tanzkapelle.

Aber der Bischof ist anderweitig beschäftigt. Er lebt in Rom und arbeitet dort als Papst. Seit Bischof Fallon 1879 starb, untersteht Kilfenora als einzige Diözese Irlands direkt dem Papst. Sheila, die junge Studentin aus den USA, die im Rahmen eines Austauschprogramms in Galway Theologie studiert, ist beeindruckt. »Ein mystischer Ort«, sagt sie. »Ich liebe Mystik.« Deshalb sei sie vor ein paar Tagen in Drumcliffe in der Grafschaft Sligo am Grab von William Butler Yeats gewesen: »Es war fast, als ob er zu mir gesprochen hat.«

Ob er französisch geredet habe, frage ich. »Nein, ich glaube es war Irisch«, meint Sheila. Ich zerstöre ungern mystische Erfahrungen, sage ich, aber Yeats habe 13 vergeblich Versuche unternommen, Irisch zu lernen, auch wenn er als Mitbegründer des Celtic Revival und als Nationaldichter gelte. Der Münchner Hörverlag hat eine Doppel-CD mit Gedichten von Yeats veröffentlicht, darauf O-Töne des Verfassers aus dem Jahr 1931.

Ein Lothar Müller rezensierte das Hörbuch in der *Süddeutschen Zeitung*. »Es macht nichts, wenn Yeats sich an dieser Stelle verspricht«, schrieb er gönnerhaft, »den Bruder und den Cousin verwechselt.« Es macht aber wohl etwas, wenn Müller immer wieder Yeats mit Yates verwechselt. Yates war ein US-amerikanischer Schriftsteller, der 1926 in New York geboren wurde – drei Jahre nachdem Yeats den Literatur-Nobelpreis erhalten hatte. Wie peinlich, wenn man nicht mal den Protagonisten einer Rezension buchstabieren kann.

Ich bin noch nicht fertig damit, Sheila den Tag zu verderben. »Yeats liegt gar nicht in dem Grab«, erzähle ich. Man habe das lange vermutet, aber nun herrsche Gewissheit. Yeats starb 1939 in Roquebrune an der französischen Riviera. Er wollte dort begraben, aber nach einem Jahr wieder ausgebuddelt und nach Irland umgesiedelt werden. Der Zweite Weltkrieg verhinderte das zunächst. Erst 1948 kam man seinem Wunsch nach, stellte jedoch fest, dass seine Überreste mit den Gebeinen anderer Leute vermischt worden waren. Die jetzt veröffentlichten Briefe bestätigen, dass man damals ein Skelett aus mehreren Personen zusammengestellt und nach Irland geschickt habe. Yeats' Familie akzeptierte das frankensteinsche Arrangement, und so wurde das Grab in Drumcliffe zum Pilgerort.

Sheila macht ein enttäuschtes Gesicht. Um sie ein wenig aufzumuntern, erzähle ich ihr, dass der Bischof von Kilfenora seine Diözese demnächst inkognito besuchen wolle.

©TOM

FURZ-EI UND ZERKRATZTER HINTERN

Wer möchte schon in einem Furz-Ei leben? Die Menschen aus Varteg jedenfalls nicht. Das Nest mit 1.000 Einwohnern liegt im Süden von Wales und existiert nur, weil die Eisenschmiede vom nahegelegenen Blaenavon Land übrig hatte und es verpachtete. Die einzige Attraktion des Ortes ist Ysgol Bryn Onnen, eine von zwei Schulen in Wales, in denen der Unterricht in walisischer Sprache abgehalten wird.

Doch nun macht ausgerechnet die walisische Sprache den Bewohnern zu schaffen. Der Sprachbeauftragte der Regierung will den Ort nämlich in Farteg umbenennen, weil es den Buchstaben »v« im Walisischen gar nicht gibt. Die Leute sind entsetzt. Sie befürchten, dass sie zum Gespött des Landes werden, würden die Schilder mit dem geblähten Namen aufgestellt. Es klinge wie eine Beleidigung, die sich Kinder auf dem Spielplatz zurufen, finden sie. Der für die Gegend zuständige Unterhausabgeordnete Paul Murphy sagte: »Warum will man den Menschen vorschreiben, wie sie ihren eigenen Ortsnamen buchstabieren sollen? Varteg ist kein englisches Wort, deshalb muss man es nicht übersetzen.« Eine Begrüßung auf walisisch ist übrigens an Bord des Voyager-Raumschiffs, das unterwegs in die Tiefen des Alls ist. In 40.000 Jahren wird es den Stern »Giese 445« erreichen. Vielleicht spricht dort jemand walisisch und freut sich über den

Gruß. Das ist jedoch unwahrscheinlich. Schließlich hat man kodiertes Walisisch im Zweiten Weltkrieg für die Kommunikation verwendet. Hätte der Feind den Code geknackt, so hätte er es vermutlich gar nicht gemerkt.

Weil sich die Leute aus Varteg gegen die Namensänderung wehren, hat der Sprachbeauftragte ihnen einen Kompromiss vorgeschlagen: Der Ort soll künftig Y Farteg heißen, was die Sache nach Ansicht der Bewohner kaum besser macht. Einer von ihnen, Sioned Jones, sagte der Lokalzeitung: »Stellt euch vor, wie peinlich es wäre, einen Furz im Namen zu haben, dem dann auch noch ein Ei folgt.«

Das ist jedoch kurzsichtig. Man kann mit einem ungewöhnlichen Ortsnamen den Tourismus ankurbeln, wie man es in dem ebenso unscheinbaren walisischen Ort Llanfairpwllgwyngyllgogerychwyrndrobwllllantysiliogogogoch gemacht hat. Es ist der drittlängste Ortsname der Welt, und jeder, der vorbeikommt, hält dort an und kauft zumindest eine Ansichtskarte. Und wie viele englischsprachige Menschen suchen das österreichische Kaff Fucking auf? Auch Shitterton und Scratchy Bottom (»zerkratzter Hintern«) in der englischen Grafschaft Dorset können sich wegen ihres Namens über mangelnde Besucherströme nicht beklagen. Es gibt genügend kindsköpfige US-Amerikaner, die auch ins Furz-Ei kommen würden, um sich gegenseitig vor dem Ortsschild zu fotografieren.

Die kroatische Schauspielerin und Sängerin Severina Vuckovic kann allerdings froh sein, dass sie nicht in Wales lebt, wo sie möglicherweise der Zwangswalisierung anheim fallen würde. Und zum Glück liegt die Skateboardfirma Vucker in Dortmund, und nicht in Wales. Der Inhaber ist mit seinem Nachnamen genug gebeutelt. Er heißt Kotkowski.

DIE MONSTER-UROMA

Das Frühjahr ist die Jahreszeit, in der Touristen geködert werden müssen. Mit dem Wetter kann Irland schlecht punkten. Aber man kann den Schotten nacheifern. Die haben es geschafft, mit einem Seeungeheuer eine ganze Region zu sanieren.

Die Iren haben ihr eigenes Monster wiederentdeckt. Bei der Digitalisiserung von *The Days' Doings*, einer viktorianischen Illustrierten, stieß man auf einen Artikel von 1871, in dem ein »großes und furchterregendes Seeungeheuer« an der Küste der westirischen Grafschaft Clare beschrieben wird, das »aufgrund seiner furchtbaren Erscheinung die Nerven der Augenzeugen« strapaziert habe. »Das Wesen hatte einen gigantischem Kopf, eine Mähne aus Seealgen und große, starrende Augen«, heißt es in dem Artikel.

Damit man es sich vorstellen kann, gibt es eine Zeichnung dazu. Darauf ist ein tintenfischköpfiges Monster mit langem Schwanz und scharfen Zähnen zu erkennen, das schlecht gelaunt am Fuß einer Klippe herumlungert, während zwei Frauen in Ohnmacht fallen. Ein Mann mit Zylinder hingegen bleibt mutig am Rand der Klippe stehen.

Erste Berichte über das Monster hatte es bereits 1850 gegeben. Damals berichteten Einheimische von einer Seeschlange, die sich auf einem Felsen im Meer gesonnt habe – und zwar ausgerechnet vor dem Seebad Kilkee, das schon damals vom Tourismus lebte. Man darf gespannt sein, ob das Monster in diesem Sommer wieder vor Kilkee auftaucht.

Vorsichtshalber haben die Schotten dafür gesorgt, dass ihr eigenes Monster nicht von den Medien vernachlässigt wird. Allerdings mussten sie einräumen, dass das Foto, das 2015 um die Welt ging, eine Fälschung sei.

George Edwards, der seit 26 Jahren mit seinem Schiff »Nessie Hunter IV« Touren auf dem Loch Ness anbietet, hatte das Foto in der Nähe von Urquhart Castle gemacht. Er legte sogar eine Expertise von Monster-Experten der US-Armee vor. Alles gefälscht, sagte er ein Jahr später. Nessie sei ein Konstrukt aus Glasfaser gewesen, und die Expertise habe er selbst verfasst. Er glaubt aber immer noch an Nessie. »Es gibt keinen Zweifel, dass in dem See ungewöhnliche Kreaturen leben«, sagte er. »Sogenannte Experten behaupten, es handle sich um große Fische. Aber lockt das etwa Touristen an?«

Die Monster-Freunde sind aufgebracht. Der berühmteste unter ihnen, Steve Feltham, der Nessie seit 22 Jahren hauptberuflich jagt, wirft Edwards vor, er habe mit seinem Schabernack den Ruf des Ungeheuers ruiniert. Das Tier grämt sich womöglich so sehr, dass es für die nächsten Jahre abtaucht. Und abtauchen kann man in dem See vortrefflich. Er ist 36 Kilometer lang, zweieinhalb Kilometer breit und teilweise 300 Meter tief. Er enthält mehr Wasser, als alle anderen britischen Seen zusammen. Wegen der Torfpartikel unter Wasser reicht die Sicht nicht weiter als drei, vier Meter.

Die schottische Regierung hat das Gesetz über Artenschutz vorsichtshalber auf Nessie ausgeweitet. Um das zu ermöglichen, hatte Sir Peter Scott, der Gründer des World Wide Fund For Nature, dem Tier den wissenschaftlichen Namen »Nessiteras Rhombopteryx« gegeben, »das Monster von Ness mit der diamantförmigen Flosse«. Unglücklicherweise ist der Name ein

Anagram für »Monster Hoax by Sir Peter S«: Monsterschwindel von Sir Peter S.

Dass es Nessie gibt, ist seit dem Jahr 565 bekannt. Damals wurde ein Mönch angegriffen, der im See badete. Mönche lügen nicht, im Gegensatz zu Jospeh Goebbels, dessen Geschäft die Lüge war. Eine Nation, so sagte der Nazi-Propagandaminister 1940, die an solchen Quatsch glaube, sei so ungeheuerlich dämlich, dass sie keinesfalls den Krieg gewinnen könne. Hat sie aber doch. Goebbels wusste nicht, dass seine Verbündeten, die italienischen Faschisten, ebenfalls an Nessie glaubten. Sie behaupteten 1941, dass sie das Ungeheuer mit einer Bombe getötet hätten.

Für Monster-Skeptiker gibt es sogar einen wissenschaftlichen Beweis. Der Schriftsteller und Geologe Hugh Miller hatte im 19. Jahrhundert Fossilien im Loch Ness gefunden und sie dem Museum von Inverness übergeben, wo sie in der Fossiliensammlung landeten. Als der Präsident des Offiziellen Loch-Ness-Fanclubs, Gary Campbell, diese Fossilien im Museum entdeckte, stellte er eine verblüffende Ähnlichkeit mit dem Ungeheuer fest und überredete Wissenschaftler, die Fossilien zu untersuchen. Die stellten fest, dass diese Pterichthyoides milleri die Urgroßmutter von Nessie sei. Sie gaben ihr den Namen Pessie. Die Uroma lebte im Paläozoikum auf dem Grund des Sees, der später Loch Ness wurde. Sie hatte einen Panzer, der sie vor Feinden schützte. Gemessen an ihrem Urenkel ist sie eher mickrig, aber es ist normal, dass frühere Generationen kleiner waren. Ich bin ja auch größer als meine Oma.

DIE ERFUNDENE STRASSE

Touristen sind wie Schafe. Man muss ihnen eine Richtung vorgeben, und sie laufen los. Das irische Fremdenverkehrsamt hat den »Wild Atlantic Way« erfunden. Dazu musste man gar nicht viel tun, denn die 2.500 Kilometer lange Küstenstraße gab es ja bereits. Sie reicht von Malin Head in Donegal, wo Südirland nördlicher ist als Nordirland, bis zum Head of Kinsale im Süden. Tourismus-Staatssekretär Michael Ring jubelte, es sei die »längste Touristenstrecke der Welt«.

Damit die Besucher das auch merken, stellte man rund 4.000 Schilder auf. Sie sind blau mit weißen Zickzacklinien, die wohl an Wellen erinnern sollen. Dazu ein Buchstabe: »N« oder »S« für die Himmelsrichtung. Wer trotzdem nicht klarkommt, kann sich eine App auf sein Smartphone laden.

Manch US-amerikanischer Tourist kapiert es dennoch nicht. Ein dickes Pärchen mit breitem Kaugummi-Akzent fragte im Dorfladen von Ballyvaughan nach dem »Wild Atlantic Highway«. Als man ihnen erklärte, der verlaufe direkt vor der Ladentür, wurden die beiden blass. Sie hatten angenommen, es handle sich um eine Autobahn, sodass man die 2.500 Kilometer locker in vier Tagen schaffen könne. Stattdessen mussten sie sich mit ihrem Mietwagen auf schmalen Straßen mit entgegenkommenden Bussen herumschlagen, die niemals ausweichen. Für Autowerkstätten ist das ein Segen: Sie decken sich zu Beginn der Saison stets mit genügend Ersatzreifen ein, denn täglich tauchen Amis mit zerschroteten Reifen auf, weil sie aus Angst vor den Brutalobussen zu weit links gefahren sind.

An der Atlantikstrecke liegen 159 »Entdeckungsorte«, 53 Strände und 120 Golfplätze. Eine Attraktion musste man allerdings gleich wieder streichen. Auf der Dingle-Halbinsel war das Dunbeg-Fort aus dem Jahr 500 vor unserer Zeitrechnung vom Orkan Christine ins Meer gespült worden. Die Entdeckungsorte werden mit dem Spruch beworben: »Wo Land und Meer zusammenstoßen.« Man könnte es auch »Küste« nennen. Sie sind jedenfalls das Kernstück der Marketing-Strategie, weil die Touristen dort anhalten, frische Luft schnappen, die spektakuläre Landschaft bewundern, etwas über die Geschichte lernen und in ihrer Begeisterung jede Menge Geld in den örtlichen Läden und Cafés verprassen sollen. Um die Straße mit dem neuen Namen ordentlich bekannt zu machen, hat der Tourismusverband viel für Werbung in Frankreich, Deutschland und in den USA ausgegeben. Das Potential sei riesig, frohlockte Michael Ring. »Deshalb werden wir auch in noch weiter entfernten Ländern Reklame machen, zum Beispiel in den Niederlanden, Spanien und Italien«, sagte er. Man schenke dem Mann einen Atlas. Oder eine App.

SYNCHRONISIERTE KÜHE

Das wichtigste Ereignis im irischen Bauernkalender sind die Nationalen Meisterschaften im Pflügen. Irgendwie scheint in den meisten Iren ein Bauer zu stecken. Zu der dreitägigen Pflugorgie kommen stets mehr als 250.000 Menschen, darunter das irische Kabinett, das lediglich einen Minister im Parlament zurücklässt, um die Fragen der Opposition zu beantworten. Es ist das größte Open-Air-Festival in Europa, und es ist eine logistische Meisterleistung. Aufgrund des miesen öffentlichen Verkehrssystems in Irland kommen die meisten mit dem Auto. Die Organisatoren von der »Nationalen Pflug-Vereinigung« markieren 25 Parkplätze mit verschiedenen Farben. Wer seinen Wagen trotzdem nicht wiederfindet, kann auf die Hilfe von Kleinluftschiffen zählen, die über den Parkplätzen kreisen.

Erstmals wurde das Wettpflügen 1931 zwischen den Grafschaften Wexford und Kildare ausgetragen. Im Vordergrund steht zwar heute noch das fröhliche Pflügen, bei dem 300 Teilnehmer um den größtmöglichen Einklang zwischen Pflug, Pferd und Mann wetteifern, doch wer nicht furcht, kann sich anderweitig vergnügen, zum Beispiel bei den Wettbewerben im Schafscheren, im Spatenstechen und im Backen von braunem Brot. Es gibt Vorführungen von Melkrobotern und vom Stierwichsen, bei dem den Zuchttieren der wertvolle Samen per Hand extrahiert wird. Für Laien oder Leute mit kalten Händen nicht zu empfehlen, warnt der Veranstalter.

Manche der Stiere sind bis zu 100.000 Euro wert, und der schönste wird prämiert. Die Eigentümer verbringen entsprechend viel Zeit damit, ihre Tiere für den Schönheitswettbewerb aufzumöbeln. Die Stiere werden frisiert, die Schwanzspitzen toupiert, die Hufnägel lackiert und die Körper mit Talkumpuder eingerieben. »Die Viecher sehen aus wie Transvestiten«, meinte ausgerechnet ein Mann, der ein rosa Ferkelkostüm trug, um Werbung für irisches Schweinefleisch zu machen. »Fehlt nur noch, dass sie ihnen Silikoneuter umbinden.«

Normalerweise laufen die Stiere aber ungeschminkt

auf der Weide herum. Pat ist Bauer, er wohnt am Wild Atlantic Way und besitzt 20 Kühe und einen Stier. Einmal trieb Pat die Herde von einer abgegrasten Weide auf das Nachbarfeld. Allerdings schloss er das Gatter hinter der letzten Kuh zu schnell, sodass es sie am Hintern traf. Das verärgerte das Tier so sehr, dass es ausschlug und das Gatter traf, das dann gegen Pats Kopf und Knie knallte. Er humpelte nach Hause und legte sich einen Eisbeutel auf den Schädel.

In dem Moment trafen sieben US-Amerikaner ein. Pat und seine Frau Gill betreiben nämlich eine kleine Pension, da man als Kleinbauer nicht viel verdient. »Ausgerechnet Amis«, dachte Pat, denn er hatte mit ihnen schon häufig schlechte Erfahrungen gemacht. Diesmal war es nicht anders.

Die Frühstücksbestellung aufzunehmen, erwies sich als unüberwindliche Hürde, denn alle sieben änderten die Bestellung im Minutentakt. »Setz ihnen irgendetwas vor«, raunte Pat seiner Frau nach der achten Umbestellung zu, »die erinnern sich morgen früh nicht mehr daran.« Um seine Ruhe zu haben, zog er sich in sein Arbeitszimmer zurück, doch plötzlich tauchte eine der Touristinnen auf. Sie hatte den Rest des Hauses inspiziert und durchstöberte nun die privaten Räume. Pat nahm eine Beruhigungstablette.

Im nächsten Moment flog die Sicherung heraus. Eins der US-Pärchen hatte einen Stromwandler verwendet, um das Handy mit 110 Volt aufzuladen. Pat quälte sich mit seinem kaputten Knie auf die Leiter, um die Sicherung wieder hineinzudrücken und erklärte den Gästen, dass man keinen Stromwandler brauche, da das Handy-Ladegerät das erledige. Zwei Minuten später flog die Sicherung erneut heraus. Weitere fünf Minuten später geschah es erneut. Die anderen Gäste hatten in ihren Zimmern ebenfalls den Stromwandler benutzt. Nachdem das geklärt war, fuhren die glorreichen Sieben ins Nachbardorf zum Abendessen. Pat genoss die Ruhe, aber sie währte nicht lange. Nach der Rückkehr stellte einer der Gäste fest, dass seine Brieftasche weg war. Pat musste im Restaurant anrufen und die Bedienung bitten, unter dem Tisch und auf dem Parkplatz nachzusehen. Schließlich fand der Ami die Brieftasche in seinem Koffer. Pat musste die Suchaktion abblasen.

Weit nach Mitternacht lagen alle im Bett, als die Sicherung erneut herausflog. »Sorry«, tönte es aus einem der Gästezimmer, »der blöde Stromwandler, haha.« Am nächsten Tag tauchte der Fahrer der Gruppe in der Küche auf und bat Pat um eine Wegbeschreibung nach Kilkenny. »Wir sind hier doch am Ring of Kerry, oder?«, fragte er. Der liegt 200 Kilometer südlich, aber Pat behielt das für sich, weil er keine Lust auf lange Diskussionen hatte. »Immer nach Osten«, sagte er, »bis links Kilkenny auftaucht.« Dann hängte er das Schild »Kein Zimmer frei« ans Haus. Vier Stunden später stellte er fest, dass die Amis sich nicht die Mühe gemacht hatten, dass heiße Wasser in der Dusche abzudrehen. Nachdem er alles aufgewischt hatte, tat ihm auch das andere Knie weh.

Dennoch war er sofort zur Stelle, als sein Freund Michael ihn bat, ihm zu helfen, seinen Stier von der Alm zu holen, weil der sich am nächsten Tag dem Tuberkulosetest unterziehen musste. Simon, der Stier, hatte sich auf seiner Weide offenbar gelangweilt und ließ sich bereitwillig ins Tal führen.

Mick und Pat saßen bei einer Tasse Tee und plauderten, als sie einen Knall hörten. Simon hatte das Gatter zur Nachbarweide durchbrochen und machte sich an einer fremden Kuh zu schaffen. Wenn eine Kuh brunftig ist, schafft es keine Armee, einen Stier von ihr wegzuzerren. Simon ist fünf Jahre alt und wiegt über eine Tonne. Also versuchten Mick und Pat, die Kuh auf Micks Wiese zu bugsieren, was ihnen gelang. Simon folgte ihr zunächst. Doch dann machte er kehrt, rannte auf die Nachbarwiese zurück und stürzte sich auf eine andere Kuh. Was war hier los? Mick rief Seamus an, den Besitzer der Kuhherde. Als er wieder auflegte, war er kreidebleich.

»Ich sitze in der Tinte«, sagte er. »Seamus hat seine Herde synchronisiert.« Das bedeutete, dass er den 30 Kühen Hormone verabreicht hatte, damit sie alle gleichzeitig brunftig wurden. Am nächsten Tag wollte er sie künstlich besamen lassen. Er hatte bereits für jede Kuh den passenden Samenspender per Katalog ausgesucht. Der Pharmakonzern, der das Experiment finanzierte, um herauszufinden, wie wirksam die Hormonbehandlung sei, hatte jeder Kuh eine Vorrichtung umgeschnallt, die durch eine rote Lampe signalisierte, wann die Kuh brunftig wurde. Der Konzern konnte zufrieden sein. Vor Micks und Pats fassungslosen Augen leuchtete es innerhalb einer halben Stunde auch bei den übrigen 29 Kühen. Simon wähnte sich im Paradies. Mick und Pat gingen wieder ins Haus, um den inzwischen kalten Tee zu trinken.

Nach einer Stunde gab Simon auf. Er war fix und fertig, er bebte am ganzen Körper, die Zunge hing ihm aus dem Maul, und er japste nach Luft. Seine Hoden waren auf die Größe von Murmeln geschrumpft. Mick führte ihn wie ein Lamm nach Hause und duschte ihn kalt ab, weil er völlig überhitzt war. Harry, der Stier von Seamus, war während der Orgie in seinem Stall angekettet, weil die Herde ja künstlich besamt werden sollte. Durch das Stallfenster musste er hilflos mit ansehen, wie ein fremder Stier sichtlich Spaß mit seinen Kühen hatte.

Seamus war genauso verärgert wie sein Stier. Er hat am nächsten Tag dennoch die nicht gerade billige künstliche Besamung vornehmen lassen, weil niemand wusste, welche Kühe von Simon erledigt worden waren. Das wird sich in neun Monaten herausstellen. Dann wird man sehen, wie viele kleine Simons munter auf der grünen Wiese herumtoben.

Simon liegt seit dem für ihn so erfreulichen Nachmittag auf seinem Strohlager im Stall und schläft die meiste Zeit. An seiner eigenen Kuhherde hat er momentan kein Interesse. Mick glaubt, ein Lächeln in seinem Gesicht erkennen zu können.

Conchubar, sein Artgenosse, hatte einen weniger schönen Nachmittag. »Das ist gerade nochmal gut gegangen«, erzählte Patsy, sein Besitzer. Patsy ist Bauer, und wie die meisten Bauern in der eher kargen Grafschaft Clare, züchtet er Rinder, die er später in die fruchtbaren Midlands verkauft, wo sie gemästet werden, bis sie das Schlachtgewicht erreicht haben. Jeder Stier muss einen Nasenring tragen, an den eine Schnur gebunden ist. Hat der Stier Lust auf eine Stampede, tritt er unweigerlich auf die Schnur, was seiner Nase nicht gut tut.

»Conchobar hatte sich mit dem Nasenring zwischen zwei Steinen eingeklemmt und brüllte erbärmlich«, erzählte Patsy. »Was sollte ich tun? Hätte ich ihn befreit, wäre er mir sicher nicht vor Dankbarkeit um den Hals gefallen, sondern hätte mich vermutlich angegriffen.« Dann fiel ihm ein, dass Conchobar aus unerfindlichen Gründen Angst vor Patsys kleinem Cockerspaniel hat. Das beruht zwar auf Gegenseitigkeit, aber

Patsy kannte kein Erbarmen. Er band den entsetzten Hund direkt vor dem Stier an einen Pflock und begann, den Stein wegzurollen, unter dem sich der Nasenring eingeklemmt hatte. Kaum war der Stier frei, warf er einen verschreckten Blick auf den zitternden Hund und suchte das Weite. Der Cocker spricht seitdem nicht mehr mit Patsy.

Dabei hat der mit seinem feigen Stier noch Glück. Sein Kollege aus Claremorris in der Grafschaft Mayo nördlich von Clare hatte im November 2014 einen Charolais-Stier gekauft. Benjy, wie er hieß, war nicht billig, aber wenn er fleißig gewesen wäre, hätte sich die Investition recht schnell rentiert. Doch Benjy zeigte mehr Interesse an anderen Stieren als an den jungen Kühen. Da der Bauer mit einem schwulen Stier nichts anfangen konnte, wollte er Benjy ins Schlachthaus schicken.

Das hörte John Carmody vom Irischen Tierschutzaktionsnetzwerk. Er startete gemeinsam mit der britischen Homosexuellenorganisation TheGayUK eine Kampagne zur Rettung des Homo-Stiers. Man brauchte Geld, um das Tier zu kaufen. Als der inzwischen verstorbene Sam Simon, Co-Erfinder der gelbköpfigen US-Familie »The Simpsons«, 6.250 Euro spendierte, war Benjy gerettet.

Er wurde nach Frettenham in der englischen Grafschaft Norfolk ins Hillside Tierasyl gebracht. Gut, dass er es noch vor dem britischen Referendum über die EU-Mitgliedschaft geschafft hat, denn danach wäre er wohl zum unerwünschten Migranten erklärt worden.

In Hillside könne er nun sein neues Leben mit einem anderen Stier teilen, meinte Carmody. Doch was haben diese angeblichen Tier- und Schwulenfreunde als erstes gemacht? Sie haben Benjy kastrieren lassen.

»Wir waren für eine Kastration, damit es zu keiner ungeplanten Schwangerschaft kommt«, sagte Carmody. Der Mann braucht Nachhilfe in Biologie: Stiere werden auch nach dem Geschlechtsverkehr mit einem anderen Stier nicht schwanger.

Patsy meinte, ein feiger Stier, der sich vor einem kleinen Hund fürchte, sei ihm lieber als ein mutiger schwuler Stier.

PFANNKUCHEN UND SCHWARZGEBRANNTER

Diesmal war ich fällig. Anette und Qui, zwei junge Damen aus Berlin, kommen einmal im Jahr für zehn Tage nach Irland, um unseren Garten auf Vordermann zu bringen. Da er in den restlichen 355 Tagen wenig Aufmerksamkeit erfährt, gibt es jede Menge zu tun. Einmal zogen sie sich sogar Taucheranzüge an, um bei strömendem Regen weitergärtnern zu können. So viel Fleiß ruft natürlich den Neid der Nachbarn mit unkrautüberwucherten Gärten hervor, und wir müssen ständig deren Abwerbungsversuche im Keim ersticken.

Seit Jahren hatten sich Anette und Qui gewünscht, dass ich mit ihnen reiten gehe, doch ich hatte immer eine kaum zu widerlegende Ausrede. Schließlich bin ich eingeknickt. Willie Daly, der Heiratsvermittler von Lisdoonvarna, betreibt nebenbei einen Ponyhof. Leider besitzt er auch ziemlich große Pferde. Und auf eins dieser unhandlichen Tiere sollte ich hinaufklettern. Ich stieg zunächst auf eine Mauer und hüpfte von dort auf den Gaul, verkrallte mich in den Sattel und hoffte, dass mein Pferd an Energiearmut litt. Daly gab mir noch den Tipp, dass mein Tier es nicht mochte, wenn Artgenossen vor ihm liefen. Herrje, sollten wir uns etwa ein Rennen liefern?

Das war jedoch nicht nötig. Quis Pferd hieß »Pancake«, und der Name war Programm. Sobald Gras in Sicht war, blieb der Pfannkuchen stehen und begann zu fressen. Anettes Tier, »George Clooney«, hatte ebenfalls keine Ambitionen und blieb vornehm im Hintergrund. Ich hatte vergessen, nach dem Namen meiner Stute zu fragen. Vermutlich hieß sie Kate Moss. Sie wackelte mit dem Hintern wie ein Model auf dem Laufsteg. Wer hätte gedacht, dass man auf einem Pferd seekrank werden kann? Nach einer halben Stunde war es vorbei, und auch die Pferde schienen erleichtert.

Daly zeigte uns einen Pferdewagen in der hintersten Ecke seines Schuppens und erwähnte möglichst beiläufig, dass er aus dem Film »Der Ausgestoßene« stamme. John Wayne habe darin gesessen. Es war eine dieser Geschichten, bei denen es auf den Wahrheitsgehalt nicht ankam. Meistens drehten sich Dalys Erzählungen aber um steinalte Männer, die er mit sehr jungen Frauen verkuppelt habe. Daly selbst hat acht Kinder, aber die Frau ist ihm davongelaufen. Er ist 71 und sagt, dass er gerne noch ein paar Kinder möchte, wenn er älter ist.

Dann lud er uns auf eine Tasse Tee in sein Haus ein. Wir lehnten dankend ab, doch er ließ nicht locker. Wenigstens sollten wir sein Eheanbahnungsbuch anfassen, das bringe Glück. In der Schwarte sind alle Heiratskandidaten sowie ihre Vorlieben verzeichnet. Wir berührten das Buch, aber damit war es nicht getan, denn nun kramte Daly eine Flasche mit klarer Flüssigkeit, aber ohne Etikett heraus. Es handelte sich um Poitín. Das ist ein aus Kartoffeln schwarzgebrannter Schnaps, der – wenn er schlecht ist – zur Erblindung führen kann. Ach, hätten wir doch den Tee nicht abgelehnt. Dieser Poitín war jedoch ausgezeichnet und ging schnurstracks in den Kopf. Wir fahren jetzt regelmäßig zu Daly. Man muss ja nicht unbedingt reiten.

Im Nebenberuf ist Daly, wie gesagt, Heiratsvermittler. In Lisdoonvarna findet jeden September das große »Matchmaking Festival« statt, ein Heiratsmarkt, zu dem an den Wochenenden bis zu 20.000 Menschen anreisen. Der irische Musikveteran Christy Moore hat dem kleinen Ort mit seinem Lied »Lisdoonvarna« ein Denkmal gesetzt. Manchmal gehen aber auch im Heiratsparadies Ehen in die Brüche, und zwar gründlich.

Fergus und Anne, eine Engländerin, waren seit zehn Jahren verheiratet. Er behandelte sie nicht sonderlich gut, das war in der Nachbarschaft bekannt. Schließlich hatte Anne nach einem erneuten Streit die Nase voll. Fergus hat hinter dem Haus einen kleinen Wellblech-Container mit einer Tür und einer Dachluke, durch die das Licht hineinfällt. Hier bewahrt er sein Werkzeug auf. Als er mal wieder seine Schrauben sortierte, schlug Anne die Tür geschwind zu und verriegelte sie. Dann kletterte sie mit Hilfe einer Leiter auf das Dach des Containers, schüttete Benzin durch die Dachluke und warf ein Streichholz hinterher.

Anne hatte die Tat offenbar seit längerem geplant, doch ihr Plan enthielt einen gravierenden Fehler. Das Benzin setzte den Container nicht in Brand, sondern das Benzin-Luft-Gemisch explodierte und sprengte die Tür aus den Angeln. Fergus flog in hohem Bogen auf die Wiese. Zwar hatte er Verbrennungen erlitten, aber er hatte überlebt. Als der Krankenwagen kam, war Anne längst auf der Flucht nach England.

Fergus hatte Glück, dass Feuerwehr und Ambulanz recht schnell zur Stelle waren. Das ist nicht selbstverständlich. Maggie und Eckie leben in Killarney im Südwesten Irlands. Im Wohnzimmer haben sie einen offenen Kamin, der in der ungemütlichen Jahreszeit – also von Oktober bis April, mitunter auch im Juli und August – Wärme spendet. Die Asche entsorgen sie jeden Morgen im Schuppen neben dem Haus.

Einmal war aber noch etwas Glut in der Asche. Wird schon gutgehen, hoffte Eckie, und so schien es zunächst auch. Doch Glut ist heimtückisch. Erst zwölf Stunden später hatte sie den Müllsack entzündet, von dort griff das Feuer auf den Schuppen über. Maggie wählte den Notruf in der Annahme, dass die Feuerwehr in Windeseile anrücken würde, denn die Feuerwache liegt nur wenige hundert Meter entfernt. Doch weit gefehlt. Die Iren haben die Notrufzentrale vermutlich privatisiert. Die Frau am anderen Ende der Leitung hatte nicht den geringsten Schimmer von irischer Geografie. Maggie möge den Ortsnamen gefälligst buchstabieren. Killarney gehört zu den bekanntesten Orten der Insel, jedes Kind kennt ihn, und jeder Irland-Tourist auch. Die Frau in der Notrufzentrale kannte ihn nicht. Während sie seelenruhig den Namen aufschrieb und zur Sicherheit nachfragte (»Mit zwei L?«), brannte der Schuppen lichterloh. Nachbarn hatten inzwischen eine Kette gebildet und gossen Wasser in die Flammen. Als die Feuerwehr endlich eintraf, war der Schuppen restlos abgebrannt. Wenigstens kann Eckie nun nicht das gleiche Schicksal wie Fergus erleiden. Eine Dachluke, durch die man Benzin gießen kann, gibt es nicht mehr.

FINNEN ANTE PORTAS

Jim war fix und fertig. Er saß im Pub und kippte einen Whiskey nach dem anderen in sich hinein. »Wir waren im Sommer in Finnland«, erzählte er. »Es war großartig, aber anfangs auch gewöhnungsbedürftig.« Es gebe fünf Millionen Finnen und zwei Millionen Saunen in dem Land, und warum man freiwillig in einen Glutofen steige, sei für Iren schwer nachvollziehbar, sagte Jim.

Dann lernten Jim und seine Frau in einer Kneipe in Savonlinna ein einheimisches Pärchen kennen. Jim verstand sich auf Anhieb mit Altti. »Er war zunächst sehr scheu und zurückhaltend, aber mit der Zeit taute er auf«, sagte Jim. »Das merkte ich daran, dass er nicht mehr länger auf seine eigenen Fußspitzen schaute, wenn er mit mir sprach, sondern auf meine.« Falls er und seine Frau irgendwann noch einen Sohn bekommen sollten, so versprach Jim, würden sie ihn Finn taufen. Das sei hübsch doppeldeutig, denn auf Irisch bedeute das »blond«.

Finnen und Iren haben so viel gemein, seufzte Jim, zum Beispiel die Sauferei. »Was ist der Unterschied zwischen einer finnischen Hochzeit und einer finnischen Beerdigung?«, fragte Jim und gab gleich die Antwort: »Bei einer Beerdigung trinkt eine Person keinen Wodka.« Außerdem haben die Finnen eine ähnliche Vorliebe für idiotische Wettkämpfe wie die Iren: »Sie halten laut Guinness-Buch der Rekorde die Weltbestleistungen für das Tragen von Ehefrauen, den Handyweitwurf, das Mückenfangen und die Luftgitarre.« Im Grunde müsse man die Finnen ja mögen, fügte er hinzu.

Eine Finnin stellte neulich in einem irischen Internet-Forum allerdings die törichte Frage, was die Iren von den Finnen halten. Die Antworten waren vorhersehbar: »Finnen sind cool, ich liebe Abba, Björn Borg und Arnie Schwarzenegger«, schrieb eine Crackity Jones. Euro-Kraut meinte: »Okay, solange ihr nicht so rassistisch seid wie diese verdammten Belgier.«

Jim bestellte sich einen weiteren Whiskey und stöhnte: »Die Kinder wollen unbedingt wieder nach Finnland, weil Altti ihnen weisgemacht hat, dass Joulupukki im Norden des Landes wohnt. Das ist der Weihnachtsmann, und die irischen Reisebüros bieten jedes Jahr exorbitant teure Weihnachtskurztrips nach Lappland an. Leider können die Kinder inzwischen die Reisekataloge lesen.«

War er deshalb so verzweifelt? »Nein, es ist viel schlimmer«, sagte Jim. »Finnen nehmen alles wörtlich. Ich hätte es wissen müssen. Wenn ich Altti mit ›Wie geht's?‹ begrüßte, erzählte er mir tatsächlich haarklein, wie es ihm ging, obwohl mir das völlig schnuppe war. Trotzdem machte ich einen entscheidenden Fehler: Ich lud Altti und seine Familie nach Irland ein, wie man das eben so sagt.« In Irland nimmt niemand den Satz »Kommt doch mal vorbei« ernst. In Finnland ist das offenbar anders. »Ende des Monats kommen sie zu fünft und wollen zwei Wochen bei uns wohnen«, schluchzte Jim. »Unseren künftigen Sohn werden wir Finnaway taufen.«

©TOM

UNTERM ASPHALT LIEGT DER KÖNIG

So wird das nichts mit der Demokratie. Der Engländer an sich ist nicht Bürger, sondern Untertan. Sobald irgend etwas Blaublütiges auftaucht, macht er sich vor Aufregung ins Höschen – selbst bei einem Skelett, das schon seit gut 500 Jahren vor sich hin klappert.

Wie groß war die Aufregung, als man im Sommer 2012 mit Hilfe der Drehbuchautorin Philippa Langley, die auf einem Parkplatz in Leicester eine übersinnliche Vision hatte, unter dem Asphalt die Gebeine des letzten Plantagenet-Königs Richard III. fand. Der war 1485 im Alter von 32 Jahren auf dem Schlachtfeld von Bosworth gestorben. Danach hatte man ihn hastig in der Kirche von Leicester verscharrt. Die wurde im 16. Jahrhundert jedoch abgerissen, später baute man dort einen Parkplatz.

Nun war der König wieder aufgetaucht, wie DNS-Untersuchungen zweifelsfrei bewiesen. Was aber macht man mit einem Monarchen, der ein ziemliches Arschloch war? Er soll seine kleinen Neffen im Tower von London ermordet, seinen Bruder in einem Weinfass ertränkt und andere Grausamkeiten begangen haben. Aber er war König und hat deshalb touristisches Potential. Da muss man ein Auge zudrücken. Außerdem müsse man die Taten im zeitlichen Kontext bewerten, heißt es auf der Website der »Richard III Society«, die früher wegen Richards Wappentier »Kameradschaft des weißen Wildschweins« hieß und den Ruf des Schurken wieder herstellen will.

Das scheint ihr gelungen. Die zweite Bestattung des Monarchen dauerte fünf Tage und kostete 3,5 Millionen Euro. Man fuhr das Skelett in einem bleiernen Sarg zur Kathedrale in Leicester – mit Zwischenstopp auf dem Schlachtfeld von Bosworth. Die Untertanen konnten sich den Sarg in der Kathedrale anschauen, bevor er nach einer Messe beerdigt wurde. 600 Engländer, die bei der Verlosung einen Sitzplatz gewonnen hatten, waren live dabei, 20.000 Menschen standen draußen, und der Rest der Nation sah sich die Beisetzung im Fernsehen an. Devotionalien gingen weg wie warme Semmeln, Friseure boten einen »Richard III. Haarschnitt« an, in Restaurants konnte man nach Art der Plantagenets speisen.

»Die Wiederbestattung ist ein Ereignis von großer nationaler und internationaler Bedeutung«, ließ Königin Elisabeth ausrichten. »Wir erkennen Richard III. heute als einen König an, der in turbulenten Zeiten seinem tiefen christlichen Glauben treu blieb.« Richtig überzeugt war sie davon wohl nicht, denn sie blieb der Zeremonie vorsichtshalber fern und schickte ein paar Familienmitglieder niederen Ranges.

Schließlich ist man durch die DNS-Untersuchung auch einigen »falschen Vaterschaftsereignissen« auf die Spur gekommen. Die Geschichte der Thronfolge ist wegen des Hangs des Adels zur Inzucht und Intrige kompliziert, aber sie wird durch das ständige Fremdgehen der Herrscher noch komplizierter, denn dabei wurden auch Nachkommen produziert. Herausgekommen ist durch die Untersuchung des Skeletts, dass die Queen unrechtmäßig auf dem Thron sitzt, weil die Ahnenlinie mehrmals unterbrochen wurde.

Richard III. hatte keine Nachfolger, sein Sohn starb vor ihm, zwei außereheliche Kinder blieben kinderlos. Die Wissenschaftler fanden aber zwei Nachkommen von Richards Schwester Anne von York: Michael Ibsen aus Kanada und Wendy Duldig aus Australien. Beide sind Richards Cousins 16. Grades und leben in London. Königin Elisabeth wünschte, man hätte das Loch auf dem Parkplatz in Leicester samt Richards Skelett mit Teer wieder zugeschüttet und vorher noch ein paar Federn hineingeworfen.

So aber wird demnächst Duldig wohl als Queen Wendy I. in den Buckingham-Palast einziehen, während Elizabeth und Philip in eine Sozialbauwohnung in Brixton umgesiedelt werden. Wegen der beengten Wohnverhältnisse muss sich die Ex-Queen dann entscheiden, ob sie ihren obdachlosen Sohn Charles und seine Gattin Camilla oder ihre Corgis bei sich wohnen lässt. Bei den Buchmachern liegen die Hunde vorne.

KORRUPTE KLEINE INSEL

Irland ist das Paradies. Jedenfalls für Unternehmer, die mit ihren Firmen bankrott gegangen sind. Sie selbst haben ja noch etwas auf der hohen Kante, und mit dem Ersparten kaufen sie der »Bad Bank«, die ihre maroden Betriebe übernommen hatten, eben diese für einen Bruchteil wieder ab. Den Rest schießt der Steuerzahler zu. Abgewickelt werden diese Geschäfte von der Lieblings-Anwaltskanzlei der Regierung, die beide Seiten vertritt und dadurch ein Vermögen kassiert.

Natürlich ist Irlands Korruption nicht einzigartig unter den sogenannten demokratischen Ländern, aber die Verfolgung von Wirtschaftskriminalität ist praktisch zum Erliegen gekommen. Selbst im Finanzsektor, der die Insel in den Abgrund getrieben hat, wird niemand zur Rechenschaft gezogen. Die Zentralbank hatte der Polizei zwischen 2009 und 2013 fast 700 Verbrechen gemeldet. Zur Anklage kam es in zwei Fällen. Manchmal werden die Gauner sogar belohnt. Raidió Teilifís Éireann (RTÉ), Irlands öffentlich-rechtlicher Sender, hat eine Serie über ein Hotel gedreht – sechs Folgen á 30 Minuten. Dafür musste man unter tausenden Hotels wählen. Schließlich nahm man das einzige Hotel, das einem verurteilten Wirtschaftsverbrecher gehört – das »Gleneagles« in Killarney im Südwesten der Insel.

Patrick O'Donoghue saß früher dort im Stadtrat. Und er war im Aufsichtsrat des Fremdenverkehramtes. Im März 2006 hatte er durchgesetzt, dass acht Hektar Land, die zu seinem Hotel gehörten, in Bauland umgewidmet wurden. Zwar lagen die Grundstücke anderthalb Kilometer von Killarney entfernt, aber dank des Beschlusses gehörten sie plötzlich zum Stadtzentrum. Zu Zeiten des Baubooms war das wie eine Lizenz zum Geld drucken.

Weil Gemeindedirektor Tom Curran deshalb Beschwerde einreichte, musste die Aufsicht für Richtlinien in öffentlichen Ämtern sich der Sache annehmen. Sie fand heraus, dass O'Donoghue sein persönliches Interesse an der Umwidmung verschwiegen und entgegen den Vorschriften an der Abstimmung teilgenommen hatte. Man stufte das als Bagatelle ein. Aber er hätte nicht die anderen Gemeinderäte beeinflussen dürfen. Deshalb musste er 2009 vor Gericht. Seine

Kollegen im Stadtrat ernannten ihn in der Zwischenzeit zum Bürgermeister.

O'Donoghue bekannte sich schuldig. Das Gericht verurteilte ihn zu einer Geldstrafe von 5.000 Euro, die er aus der Portokasse zahlte. Auf die Frage, warum sie ein so mildes Urteil verhängt habe, meinte Richterin Carol Morgan, O'Donoghue sei gestraft genug. Er gelte nun als vorbestraft, und er musste seine öffentlichen Ämter einschließlich seines Aufsichtsratspostens bei der Tourismusbehörde niederlegen. Dort hat man ihn aber nicht vergessen. Als es darum ging, das Hotel für die RTÉ-Serie zu bestimmen, wählte die Behörde das »Gleneagles«. Normalerweise kosten 30 Sekunden Fernsehwerbung 10-15.000 Euro. Lustig an der Sache ist, dass die Politiker, die das Stimmvieh regelmäßig verarschen, sich beschweren, weil sich bei der Bevölkerung Zynismus breitgemacht habe.

Einer der übelsten ist Michael Lowry, der Abgeordnete für Tipperary. Er hat vermutlich nie in seinem Leben ein ehrliches Geschäft gemacht. Er hat auch regelmäßig Steuern hinterzogen. Es blieb ihm gar nichts anderes übrig, schließlich konnte er schlecht die Bestechungsgelder deklarieren, die er von einem Geschäftsmann kassiert hatte. Er versuchte, das Verfahren wegen Steuerbetruges einstellen zu lassen. Das Finanzamt habe etwas gegen ihn, vermutete er, und ermittle deshalb besonders gründlich. Außerdem sei das rufschädigend. »Wenn ich wirklich Geld verstekken wollte«, sagte er, »hätte ich ein Konto in einer Steueroase.« Hat er auch, sogar vier Stück, wie sich später herausstellte.

Kassiert hat Lowry auch für die Vergabe einer Mobilfunklizenz, als er noch Minister für Kommunikation war. Das war das selbst seiner gewiss nicht zimperlichen Partei Fine Gael zu viel. Sie warf ihn raus, er kandidierte bei den nächsten Wahlen als Parteiloser und wurde mit deutlicher Mehrheit wiedergewählt. Seine Wähler hatten erkannt, dass sie von seiner Bestechlichkeit profitieren – wenn es zum Beispiel um die Verteilung der Lottogelder auf die Regionen geht.

Und auf sein Rennpferd Mallowney ist ebenfalls Verlass, der Gaul gewann drei der letzten fünf Rennen. Fragt sich, wie Lowry das gedeichselt hat.

SUBVERSIVE KANALISATIONSDECKEL

Wenn demnächst Menschen in Nordirland in der Erde verschwinden, sind die Unionisten schuld. In Ballymena, einer ihrer Hochburgen, wo der berüchtigte Pfaffe Ian Paisley jahrzehntelang herrschte, hat man vor kurzem die Kanalisationsdeckel für vier Millionen Pfund ausgetauscht. Die neuen Deckel aus dickem Metall sollen haltbarer sein als die alten. Allerdings steht auf ihnen nicht nur »Water«, sondern auch das irische Äquivalent »Uisce«.

Timothy Gaston, der stellvertretende Bürgermeister der Region und Mitglied der unionistischen Splitterpartei Traditional Unionist Voice, sagte: »Ich hoffe, dass es nur ein Versehen ist, und ich empfehle dem Hersteller, die Deckel so schnell wie möglich zu entfernen.« Seine Wähler hätten das gefordert. Gaston weiß vermutlich nicht, dass die Engländer, denen er sich verbunden fühlt, das wohlklingende »Uisce Beatha«, auf deutsch Lebenswasser, zu »Whiskey« verballhornt haben.

Gaston kämpft an verschiedenen Fronten. Der aufgewühlte Bürgermeister beklagte, dass es pure Geldverschwendung sei, die wegen des Baus neuer Bürgersteige aufgewühlten Straßen mit künstlichen Blumen zu kaschieren. Stattdessen sollte man das Geld lieber für neue Kanalisationsdeckel verwenden.

Der Kampf des Bürgermeisters gegen alles Irische hat Familientradition. Gastons Vater Sam, der damals noch Paisleys Democratic Unionist Party angehörte, hat McDonald's gezwungen, das Vorfahrt-achten-Schild an der Ausfahrt der Drive-In-Filiale in Ballymena auszutauschen. Auf dem Schild stand nämlich »Yield«, was zwar englisch ist, aber in der Republik Irland verwendet wird, während auf den Schildern in England »Give way« steht, was dasselbe bedeutet.

Aber so einfach ist es nicht. Bis 1997 standen beide Begriffe auf den irischen Schildern, und viele davon sind heute noch in Gebrauch. Auch in Kanada und den USA, in Südafrika und Südkorea heißt es »Yield«. Aber die Sache ist noch komplizierter: In den irischsprachigen Gebieten der Republik Irland steht »Give way« auf den Schildern, allerdings auf Irisch: »Géill Slí.« Die Fleischbrötchenmonteure tauschten das inkriminierte Yield-Schild aber vorsichtshalber aus. Sie wollten wohl keinen neuen Rindfleischkrieg in Ballymena riskieren.

Der herrschte in den neunziger Jahren zum Höhepunkt des Rinderwahns. Damals entdeckten mein Freund Aribert und ich auf einer Weide bei Ballymena eine große Tafel mit einem Union Jack, darunter der Satz: »Ulster is British.« Das war zwar geografisch falsch, denn die Provinz Ulster besteht aus neun Grafschaften, aber nur sechs davon bilden Nordirland, doch wir sahen darüber hinweg und fragten den Bauern, ob seine Kühe auch britisch seien. Das sei etwas völlg anderes, fluchte der Bauer. Schließlich lebten sie auf der irischen Insel, und deshalb könne das Exportverbot für britische Rinder nicht auf seine Tiere angewendet werden.

Gab es bei Familie Gaston damals schon das traditionelle britische Sonntagsessen Roast Beef aus lokaler Schlachtung?

PRIMATEN INS WELTALL

Kardinal Seán Bradys Pensionierung kam 40 Jahre zu spät. Brady war Primat der katholischen Kirche in Irland, obwohl dieser Titel einer Schmähung der Primaten gleichkommt.

Wenn man die Worte »Kardinal Brady Bastard« bei Google Irland eingibt, kommt man auf knapp 350.000 Treffer. Brady war Pfarrer und Kirchennotar, als ihm mehrere Kinder 1975 berichteten, sie seien von Bradys Pfaffenkollegen Brendan Smyth vergewaltigt worden. Brady ließ die Kinder nicht nur ein Papier unterzeichnen, sondern auch auf die Bibel schwören, dass sie niemandem davon erzählen würden. Die Kinder hatten ihm auch die Namen von weiteren Opfern des pädokriminellen Pfarrers genannt, doch Brady informierte weder die Eltern, noch die Polizei. Smyth wurde versetzt und konnte weitere 20 Jahre sein Unwesen treiben. Erst 1994 wurde ihm das Handwerk gelegt.

Als 2009 herauskam, dass der Bischof von Limerick, Donal Murray, ebenfalls Missbrauchsfälle vertuscht hatte, schwang Brady sogleich die Keule des Gerechten. »Wenn ich in der Situation wäre«, sagte er, »dass durch mein Versagen andere Kinder missbraucht wurden, würde ich zurücktreten.« Ein Jahr später war er in der Situation, aber er trat nicht zurück. Es sei keine leichte Entscheidung gewesen, salbaderte er, aber die meisten Menschen, mit denen er gesprochen habe, wollten, dass er bleibe. Vermutlich waren das alles Mitglieder der Klerusbande, die Omertà geschworen hatten. Niemand traute sich, Brady als Mittäter hinter Gitter zu bringen.

Wenn er wenigstens die Klappe halten würde. Aber er sondert nach wie vor in völliger Selbstüberschätzung seinen verbalen Dünnpfiff ab. Einmal durfte er im irischen Fernsehen zu Themen wie Abtreibung und gleichgeschlechtliche Ehen seinen Finger erheben, als ob er irgendwelche Ahnung davon habe. Das ist eigentlich ein Grund, die Rundfunkgebühren zurückzuverlangen. Welcher Teufel ritt den zuständigen Redakteur, dem Repräsentanten einer Institution, der jedwede moralische Autorität abhanden gekommen ist, die Gelegenheit zu geben, seinen Senf zu solchen Themen hinzuzugeben? Jede Taxifahrerin und jeder Krankenpfleger wäre besser dafür qualifiziert.

Dass er schließlich seinen Rücktritt eingereicht hat, lag nicht etwa an später Einsicht. Nach Kirchenrecht muss ein Kardinal mit 75 in Rente geschickt werden. Nur der Papst darf weiter machen, bis er tot umfällt.

Nichts sei stärker als der Gestank der Verlogenheit, hatte Tennessee Williams geschrieben: Er rieche nach Tod. Brady aber lebt noch, und so muss man eine Atemschutzmaske tragen, wenn das Unglück einen in die Nähe des Ex-Primaten führt.

Früher hat man Primaten übrigens in der Raumfahrt eingesetzt. Der erste war Gordo, ein Totenkopfaffe, der 1958 an Bord einer Redstone-Rakete ins All befördert wurde. Diese Tradition sollte man wieder aufleben lassen. Schießt Brady in den Weltraum.

Und den Rest der Bagage gleich mit. Allzuviele sind es ja nicht mehr. In Irland herrscht akuter Pfaffenmangel. Die adäquate seelsorgerische Versorgung der vier Millionen Einwohner ist nicht mehr gewährleistet. Die Zahl der katholischen Pfarrer ist innerhalb von zehn Jahren um 13 Prozent gesunken, die Zahl der Nonnen sogar um 23 Prozent. Selbst die Laien, die vorsichtshalber nur befristete Gelübde abgelegt haben, verlassen das sinkende Schiff. Ihre Zahl ist um 28 Prozent zurückgegangen. Das sind alarmierende Zahlen, die das vom Vatikan herausgegebene »Statistische Jahrbuch der Kirche« vermeldet.

Der Verband katholischer Priester berief deshalb eine Krisensitzung mit den Bischöfen ein. Pfarrer Brendan Hoban sagte danach: »Wir haben ihnen sehr anschaulich erklärt, dass irische Pfarrer in 10, 15 oder 20 Jahren praktisch verschwunden sein werden, abgesehen von einem winzigen Kader uralter Individuen.« In Dublins Diözesen gibt es nur noch zwei Pfarrer, die unter 40 sind. »Wenn es so weiter geht, hat die irische Priesterschaft keine Zukunft mehr, das ist eine mathematische Gewissheit«, meint Hoban.

Himmlische Zeiten! Aber Hoban hat einen dreistufigen Notfallplan: Lasst die Pfaffen heiraten; holt die Priester zurück, die ihre Jobs aufgegeben haben, weil sie heiraten wollten; lasst Frauen an die Altäre. »Falls die Bischöfe das nicht schlucken, wissen wir, wer am Ende die Verantwortung trägt«, sagt Hoban. »Den Kopf in den Sand zu stecken, ist keine Option.«

Früher war alles anders. Das Ansehen einer Familie stieg mit der Anzahl der Pfarrer und Nonnen, die zum engeren Verwandtenkreis gehörten. Wo sind die alle geblieben? Im Ausland. 1.700 irische Missionare versuchen in 83 Ländern, den Eingeborenen den Glauben an Gott beizubringen – an den echten, katholischen Gott, versteht sich, nicht an irgendeinen Buschgötzen.

Dazu gehört, dass die Priester und Nonnen den Afrikanern weismachen, Kondome seien Teufelswerk. Ihre Wirksamkeit gegen Aids betrage nur 20 Prozent, behauptet Schwester Miriam Duggan vom Franziskanerorden, die seit 30 Jahren in Uganda arbeitet. Sie hat ein besseres Mittel, das hundertprozentigen Schutz garantiere: Keuschheit. Duggans Spitzname ist »Mutter Teresa von Afrika«. Das passt. Die albanische Nonne hat mit gefalteten Händen und katholischem Dogma ebenfalls Millionen ins Unglück gestürzt. Aber die Missionare bringen den afrikanischen Kindern auch irische Tänze und Lieder bei, was für den weiteren Lebensweg sicher nützlich ist.

Hat Hoban dabei nicht an eine vierte Möglichkeit gedacht, um den Pfaffenmangel in Irland zu beheben? Man muss die afrikanischen Länder bitten, ein paar Geistliche abzugeben. Die könnten den irischen Kindern afrikanische Lieder und Tänze beibringen. In 50 Jahren denkt im Zusammenhang mit Irland dann niemand mehr an Riverdance, sondern an Yankadi und Macru, begleitet von Mbira, Djembé und Balafon. Okay, ein Dudelsack darf auch dabei sein.

EIN ASCHENBECHER FÜR VALENTIN

Kurz vor dem Valentinstag im Februar steigen die Preise für Schnittblumen. Der Schutzpatron der Blumenhändler und Süßwarenhersteller sei in Dublin beerdigt, behauptet die irische Tourismusindustrie, die an dem Tag auch ein bisschen Zuwendung abbekommen möchte.

Dass der italienische Heilige auf der Grünen Insel gelandet ist, liegt angeblich am Karmelitermönch John Spratt, der sich im Dubliner Arbeiterviertel Liberties um die Armen gekümmert und dafür gesorgt hat, dass sie seelsorgerisch adäquat betreut werden konnten: Er ließ in der Whitefriar Street eine Kirche für »Unsere liebe Frau auf dem Berg Karmel« bauen, ein Ehrentitel für die Gottesmutter als Schutzpatronin der Karmeliter.

Im Jahr 1835 reiste Spratt nach Rom. Dort bat man ihn, in der Jesuitenkirche Il Gesù eine Predigt zu halten. Die Show war in Windeseile ausverkauft, und Papst Gregor XVI. schenkte Spratt zum Dank Valentins Asche. Da rackert sich der arme Kerl sein Leben lang im Dienste der Armen Dublins ab und bekommt als Anerkennung einen Beutel Asche! Er machte das beste daraus. Bei seiner Rückkehr nach Dublin gab es eine Parade vom Hafen bis zur Kirche in der Whitefriar Street, wo er den Aschenbecher dem Dubliner Erzbischof Murray überreichte.

Nachdem Spratt zu Pfingsten 1871 gestorben war, erlahmte das Interesse an der heiligen Asche. Erst als die Kirche 80 Jahre später renoviert wurde, erinnerte man sich wieder an sie, baute ihr einen Schrein und stellte eine Statue von Valentin mit einem Krokus in der Hand darauf. Böse Zungen behaupten, der Grund dafür sei die Valentinsindustrie gewesen, die in den fünfziger Jahren auch in Irland Fuß fasste.

Der Krokus hat in der Valentinslegende eine besondere Bedeutung. Ein römischer Kerkermeister hatte von Valentins medizinischer Begabung gehört. Er brachte ihm seine blinde Tochter Julia und bat ihn, gefälligst ein Wunder zu vollbringen. Valentin gab ihr Salben und riet ihr, zu beten. Das half beides nicht. Eines Tages wurde Valentin verhaftet, weil er verbotenerweise Ehen nach christlichem Ritual geschlossen hatte. Am 14. Februar 270 wurde er hingerichtet. Kurz zuvor hatte er Julia einen Brief »von deinem Valentin« geschrieben und einen Krokus beigelegt. Kaum hielt das Mädchen die Pflanze in den Händen, konnte sie wieder sehen.

Aber vielleicht geht der Gedenktag auch auf einen anderen Valentin zurück, der 280 geköpft worden war – ebenfalls am 14. Februar. Wer Valentin heißt, sollte sich an diesem Tag in acht nehmen. Wegen der Verwirrung um die Valentine strich die katholische Kirche 1969 den Valentinstag aus dem römischen Generalkalender.

Die Sache mit den Blumen geht übrigens weit zurück. Im antiken Rom gedachte man am 14. Februar der Göttin Juno, der Schutzpatronin von Ehe und Familie. Man schenkte den Frauen an diesem Tag Blumen. Offenbar waren die Blumenhändler schon damals schwer auf Draht.

Ein Bekannter hat seit Jahren eine verwelkte Rose auf dem Bücherregal liegen. Zu Weihnachten stellt er die Blume in eine Glasvase neben den Weihnachtsbaum. Es handelt sich angeblich um ein Erbstück – es sei eine Reliquie dritter Klasse. Seine Großmutter habe die Rose in den Kasten mit dem Herzen der Heiligen Therese von Lisieux getunkt, als das Organ im Jahr 2001 auf Irland-Tournee war.

Eine Reliquie dritten Grades ist ein Objekt, das mit einer Reliquie ersten oder zweiten Grades in Berührung gekommen ist. Und Thereses Herz ist eine Reliquie erster Klasse. Kleidungsstücke oder Gebrauchsgegenstände eines Heiligen sind zweitklassige Reliquien, wobei die Unterhose eines normalen Heiligen weniger wert ist als die eines Märtyrers.

St. Oliver Plunkett, Primat von Irland, war solch ein Märtyrer, und es war einfach, ihn auf verschiedene Kirchen zu verteilen, weil er bereits portionsweise geliefert wurde: Er wurde 1681 gehängt und gevierteilt. Sein Kopf liegt in der St. Peterskirche in Drogheda, der Rest ist in England und Deutschland.

Eins der wichtigsten Reliquien ist das Kreuz, an das Jesus genagelt wurde, obwohl es genau genommen nur ein zweitklassiger Gebrauchsgegenstand ist. Es ist kaum zu glauben, wieviele Holzstücke es gibt, die angeblich alle von diesem Kreuz stammen. Kaiserin Helena, die Mutter von Kaiser Konstantin, soll auf einer ihrer Pilgerreisen ins Heilige Land zwischen 326 und 328 die drei Kreuze entdeckt haben, an die Jesus und die beiden Diebe genagelt worden waren. Dann geschah ein Wunder, und das wahre Jesuskreuz gab sich ihr zu erkennen.

Sie zersägte es und schickte die Teile in die ganze Welt. So landeten fünf Splitter im südirischen Waterford. Papst Paschal II. soll sie 1110 dem König der Provinz Munster, Muircheartach Ó Briain, geschenkt haben. Tests der Oxford University haben vor kurzem ergeben, dass die Hölzchen gerade mal tausend Jahre alt sind. Deshalb weigern sich die meisten Kirchen, ihre »wahren Kreuze« untersuchen zu lassen.

Ein ähnliches Verfahren wie Helena wandte übrigens ein irischer Geschäftsmann rund 1650 Jahre später an. Nach dem Besuch von Papst Johannes Paul II. in Irland kaufte er den Teppichboden, mit dem der Phoenix Park in Dublin ausgelegt war, damit der Papst nicht auf ordinärem Gras laufen musste. Dann nagelte er kleine Teppichstücke an Kreuze und verkaufte sie. Seiner Umsatzsteuer nach zu urteilen hätte man mit dem Teppich ganz Irland bedecken können. Eins dieser Kreuze entdeckte ich bei meinem Bekannten neben der verwelkten Therese-Rose. Auch ein Erbstück, sagte er. Seine Tante behauptete, man könne den Fußabdruck von Johannes Paul erkennen, wenn man genau hinsah.

©TOM

AUTODIEB AUS VERSEHEN

Werbung funktioniert. Die Reklame von VW und Audi läuft fast jeden Abend im irischen Fernsehen, und beide Automarken führen die Tabelle der geklauten Autos auf der Grünen Insel an. Jedes Jahr werden mehr als 10.000 Wagen in Irland gestohlen, 40 Prozent davon in Dublin. Die Schieberbanden beauftragen junge Drogenabhängige mit dem Diebstahl und zahlen ihnen 200 Euro pro Auto.

Mir ist vor vielen Jahren in Berlin meine Ente geklaut worden. Es war eine besondere Ente, denn sie war von meinem versoffenen Mechaniker in Schöneberg aus drei Schrottautos zusammengebastelt worden, und sie benötigte neun Anläufe, um durch den TÜV zu kommen.

Eines morgens war sie weg. Ich rief bei der Polizei an. »He, hört mal«, rief der Beamte seinen Kollegen zu. »Jetzt klauen sie schon Enten.« Im Hintergrund war schallendes Gelächter zu hören. Am nächsten Tag war das Auto wieder da, es war zwei Straßen weiter vor einer Kneipe geparkt. Mein Mechaniker saß im Wirtshaus. Er sei zu betrunken gewesen, die 250 Meter zu laufen, erklärte er mir.

Einmal bin ich selbst fast zum Autodieb geworden. Áine, die Gattin, musste wegen eines gebrochenen Knöchels zur Nachuntersuchung ins Krankenhaus. Ich parkte den Wagen, einen rostbraunen Ford Escort, ordnungsgemäß in einer Seitenstraße. Nach zwei

Stunden war der Knöchel geröntgt. Ich half Áine ins Auto, stieg ein und ließ den Motor an. In dem Moment fiel mir das Duftbäumchen am Rückspiegel auf. Ich hasse diese baumelnden Chemiekeulen und wollte Áine gerade zur Rede stellen, als der CD-Spieler ansprang und »Danny Boy« spielte. Dieses Lied ist mir noch mehr zuwider als die Duftbäumchen. Langsam ging mir ein Licht auf, weil der Innenraum verdächtig sauber war. Es war nicht unser Wagen.

Schlimm genug, dass fast alle Ford Escorts in Irland rostbraun sind. Aber dass sie auch den gleichen Schlüssel haben? Der Hersteller meint vermutlich, dass es vollkommen egal sei, welchen dieser Kleinwagen man nimmt. Mir war es aber nicht egal, ich hing an meinen CDs im Handschuhfach. Wir stiegen so geschwind wie mit einem gebrochenen Knöchel möglich aus und fanden unseren Escort vier Autos weiter. Zum Glück hatte uns niemand gesehen.

Zu Hause angekommen, stellte Áine fest, dass sie ihre Röntgenbilder auf dem Rücksitz vergessen hatte – auf dem Rücksitz des anderen Autos. Also fuhr ich wieder zurück, öffnete den fremden Escort und nahm die Röntgenbilder, als mir ein kräftig aussehender Mann mittleren Alters auf die Schulter tippte und mich fragte, was ich in seinem Auto zu schaffen hätte. Ich wollte lediglich die Röntgenbilder meiner Frau holen, sagte ich. Das verwirrte ihn so sehr, dass er vorerst davon absah, mich zu vermöbeln. Ich erzählte ihm die ganze Geschichte. Er glaubte kein Wort, bis ich ihm bewies, dass mein Schlüssel für seinen Escort passte. »Wenn du schon einen Schlüssel für mein Auto hast«, meinte der Danny-Boy-Hörer, »kannst du die Kiste auch kaufen.« Ich würde es mir überlegen, log ich und machte mich aus dem Staub.

DIE NATTER UND DER TÄNZER

Was macht man mit einem nutzlosen Geburtstagsgeschenk von Tante Klara, das zwar wertvoll, aber unverkäuflich ist, weil die Tante das Geschenk bei ihrem Besuch vermissen würde? Man muss warten, bis sie gestorben ist.

Genau so macht es die irische Beit-Stiftung. 1976 wurde ihr das Russborough House von Alfred Beit, dem Nachfahren des 1853 in Hamburg geborenen gleichnamigen Diamanten-Millionärs, und seiner Frau Clementine übergeben – mit der Auflage, es für die Bevölkerung zugänglich zu machen. Zu dem beeindruckenden palladinischen Gebäude gehörte auch der Inhalt: Bilder von Gainsborough, Vermeer, Goya und Rubens sowie das Mikroskop Marie Antoinettes.

Die Bilder haben eine im wahrsten Sinne des Wortes bewegte Geschichte, es sind die meistgestohlenen Gemälde der Welt. Das erste Mal wurden sie 1974 bei einem Überfall einer Einheit der Irisch-Republikanischen Armee (IRA) unter Führung der englischen Millionärstochter Dr. Rose Dugdale geklaut, aber recht schnell zurückerbeutet. Für den zweiten Diebstahl 1986 war Dublins Unterweltboss Martin Cahill, »der General«, verantwortlich. Auch er konnte sich nicht lange an den Bildern erfreuen. 2001 und 2002 klaute schließlich Cahills ehemaliger Komplize Martin Foley die Bilder, doch beide Male nahm die Polizei sie ihm wieder weg.

Entnervt von den ständigen ungebetenen Hausbesuchen übergab man einen Teil der Bilder der Nationalgalerie. Der Rest soll nun ins Ausland verscherbelt werden, denn die Beits sind inzwischen tot, und die

Regierung rückt kein Geld mehr für den Unterhalt von Russborough heraus.

Als ob das alles nicht schlimm genug wäre, gibt es eine weitere Schreckensmeldung aus der Kunstszene. Der raffgierige Flusstänzer Michael Flatley, der mit dem Tanzspektakel »Riverdance« Millionen scheffelte, hat auf Maler umgesattelt. Demnächst werden 25 seiner Bilder in der Londoner Galerie 12 Hay Hill ausgestellt. Titel der Ausstellung: »Firedance.« Die Preise liegen pro Bild zwischen 50.000 Pfund und einer Viertelmillion. Flatleys Agent sagte bescheiden, man habe den Termin absichtlich so gewählt, weil zur gleichen Zeit die internationale Kunstmesse »Masterpiece« in London stattfinde, und die werde von zahlungskräftigen internationalen Sammlern besucht.

Flatley malt nicht wirklich, sondern er hüpft auf einem Fußbodenbelag aus einer Art Vinyl herum. Die resultierenden Bilder seien ein »intuitiver Abdruck direkt aus der inneren Psyche«, heißt es im Katalog. Das mit 250.000 Pfund teuerste Bild ist »Der langsame Todesmarsch«, inspiriert von der irischen Hungersnot Mitte des 19. Jahrhunderts. Solche Preise erzielen normalerweise nur Gemälde der berühmtesten irischen Maler wie Jack. B. Yeats oder Paul Henry, aber Flatley war schon immer für seinen Größenwahn bekannt.

Martin Cahill ist von der IRA erschossen worden, und die IRA hat sich später aufgelöst. Aber Martin »die Natter« Foley gibt es noch, er hat fünf Mordversuche und eine Entführung durch die IRA überlebt. Könnte er sich nicht um Flatleys Bilder kümmern?

DIE FLUCHENDE RICHTERIN

Sie sei »eine ziemliche Fotze«, sagte John Hennigan zu Patricia Lynch. »Du bist selber eine ziemliche Fotze«, antwortete Lynch. Daraufhin brüllte Hennigan: »Fick dich doch selbst.« Lynch meinte: »Du dich auch.«

Vermutlich finden solch gepflegte Unterhaltungen täglich in Tausenden Wohnstuben statt. Doch Hennigan und Lynch stritten nicht zu Hause, sondern im Gerichtssaal der englischen Stadt Chelmsford. Hennigan war der Angeklagte, Lynch die Richterin. Hennigan, ein adipöser 50-Jähriger, hat ein langes Strafkonto. Meistens ging es um Beleidigungen ethnischer Minderheiten, Drogenhandel, unerlaubten Waffenbesitz oder Körperverletzung. Als er einmal wegen eines Hitlergrußes vor Gericht stand, behauptete er, dass er in dem Wirtshaus lediglich seinen Arm gehoben habe, um das Wechselgeld vom Barkeeper zu kassieren.

Hennigan sei ein unglücklicher Mann, der unter Depressionen leide, erklärte sein Anwalt. Das beeindruckte Richterin Lynch nicht: Sie steckte ihn für anderthalb Jahre in den Knast. Daraufhin schlug Hennigan mit der Faust gegen die Glasscheibe neben der Anklagebank, reckte den Arm zum Nazigruß, schrie »Sieg Heil« und sang »Vergast alle Juden«. Die Richterin meinte: »Wir sind alle sehr beeindruckt. Führt ihn ab.« In den sozialen Medien wird Lynch seitdem als Heldin gefeiert. Einer meinte, dass die 64-jährige in diesen Zeiten ein perfektes Rollenmodell für Kinder sei. Eine fluchende Richterin, die zur Fäkalsprache greift? Wie hätten die Kommentatoren reagiert, wenn es sich um einen Richter und eine Angeklagte gehandelt hätte?

Angehenden Richtern wird in der Ausbildung eingebläut, dass die zehn Schritte von der Tür zum Richterstuhl extrem wichtig seien. Sie dürfen nichts tragen und sich nicht umschauen, weil das unwürdig aussähe. Und sie müssen langsam laufen. Es gehe schließlich darum, die Angeklagten einzuschüchtern. Von wüsten Beschimpfungen ist in der Ausbildung nicht die Rede.

Hennigan ist sicherlich ein widerlicher Zeitgenosse. Aber diesmal war sein Vergehen vergleichsweise harmlos. Er hatte einer schwarzen Mutter erklärt, dass er nicht an gemischtrassige Beziehungen glaube. Als sie nachfragte, sagte er, dass er weiße Kinder bevorzuge. Sie war geschockt und zeigte ihn an. Englische Richter schicken Leute gerne in den Knast, und Lynch gehört zu den eifrigsten. Wer bei ihr vor Gericht steht, kann seinen Schlafanzug getrost mitbringen.

Lynch hätte den Fall Hennigan auch eleganter lösen können. Als ein Angeklagter vor einigen Jahren den Vorsitzenden in einem Londoner Gericht als Idiot beschimpfte, antwortete der: »Wenn ich nach ihrer Verurteilung Feierabend habe, gehe ich schwimmen. Danach führe ich den Hund spazieren, bevor ich Essen für meine Familie koche. Sie jedoch werden die erste von vielen Nächten im Belmarsh-Gefängnis verbringen. Vielleicht fragen Sie sich dann, wer von uns beiden der Idiot ist.«

VON EINER GURKE ÜBERFÜHRT

Wer seinen Lebensunterhalt mit Einbrüchen bestreiten will, sollte über ein Mindestmaß an Intelligenz verfügen. Bei englischen Gaunern mangelt es daran jedoch oft. Ein Billy Donnelly aus Hull zum Beispiel wurde durch eine Salatgurke überführt. Der Vegetarier war durch ein Gewächshaus in ein Haus eingedrungen, hatte aber unterwegs in eine appetitliche Gurke gebissen. Danach klaute er zwei Schlüsselringe sowie eine Uhr und machte sich davon. Da er bereits aktenkundig war, wurde er aufgrund der auf der Gurke hinterlassenen DNS überführt. Der Richter konnte sein Vergnügen kaum verbergen, als er die Beweisgurke im Gerichtssaal schwenkte und Donnelly in den Knast schickte. Dort soll er sich in der Gefängnisküche um das Gemüse kümmern.

Geht es noch dümmer? Doch. Ein David Fuller war gerade aus dem Gefängnis entlassen worden, als er in Hull in ein Haus einbrach und 1.400 Pfund sowie eine Flasche Schnaps entwendete. Er konnte unerkannt entkommen. Darüber freute er sich offenbar so sehr, dass er dem Einbruchsopfer eine Textnachricht auf das Handy schickte: »Haha, ich lache mich schlapp.« Die Polizei verfolgte die Nachricht zu Fullers Handy zurück, der Richter steckte ihn für vier Jahre in den Knast.

Lee Todd und Shane Batty hingegen waren für ihr Vorhaben falsch gekleidet. Sie trugen Leuchtwesten, als sie in Bridlington nachts über eine Mauer kletterten, um in ein Haus einzusteigen. Die Bewohnerin wachte auf, sah die leuchtenden Gauner in ihrem Garten und rief die Polizei. Zwei Jahre Gefängnis für Todd und Batty – plus 16 Wochen wegen erwiesener Dummheit.

Regel Nummer Eins für einen Einbrecher lautet: »Lasse nichts am Tatort zurück, das dich identifizieren könnte.« Ein 19jähriger aus einem Dorf in Südengland verstieß eklatant gegen diese Regel. Er vergaß seinen Pitbull-Terrier in dem Haus, das er gerade ausgeräumt hatte. Die Polizei musste dem Tier nur folgen. Es führte sie schnurstracks zur Wohnung des Täters, der gerade dabei war, seine Beute zu sichten. Nun ist er nicht nur wegen des Einbruchs dran, sondern auch wegen Vernachlässigung des Hundes.

Ein anderer Dieb stellte sich noch blöder an. Er hatte in einem Bungalow Juwelen im Wert von 2.000 Pfund eingesackt. Bevor er abhaute, entdeckte er einen Computer und schaute schnell noch auf seiner Facebook-Seite nach. Er vergass, sich auszuloggen.

Die »Loch-in-der-Wand-Bande« war auch nicht viel cleverer. Die hoffnungsvollen Gauner hatten sich sieben Geldautomaten bemächtigt. Um sie aufzubrechen, benutzten sie ein Schweissgerät. Das Geld verbrannte und setzte die Bude in Flammen. Die Feuerwehr alarmierte die Polizei. Allerdings führte die Sache auch bei den Beamten zu roten Köpfen, denn der Anführer der Bande sollte eigentlich eine dreijährige Haftstrafe wegen wiederholten Einbruchs absitzen. Man hatte ihn versehentlich in den offenen Vollzug überstellt. Einbrecher sollten sich über ihre körperlichen Fähigkeiten im Klaren sein. Ein junger Mann aus Ilfracombe in der Grafschaft Devon war es nicht. Er hatte mit einem Hammer ein kleines Loch in die Wand eines Kaufhauses geschlagen. Da er 120 Kilo wog, blieb er in dem Loch stecken und musste die Polizei um Hilfe rufen. Der Richter lachte Tränen.

Wenn man einen Versicherungsbetrug plant, sollte man ebenfalls ein paar elementare Dinge berücksichtigen. Ein Hugo Sanchez aus der Grafschaft Surrey wollte die Lebensversicherung kassieren und hatte seine Sterbeurkunde eingereicht. Ein misstrauischer Mitarbeiter ließ die Urkunde jedoch untersuchen. Man fand Sanchez' Fingerabdrücke darauf.

Ein Webdesigner für die Musikladenkette HMV aus Farnham in der Grafschaft Surrey hatte von seinem Job die Nase voll und täuschte seinen Tod vor. Seine »Witwe« kassierte die Lebensversicherung in Höhe von 500.000 Pfund, und es hätte ein Happy End geben können. Doch trotz der fetten Beute war der Trottel so geizig, dass er in HMV-Läden seine Mitarbeiter-Rabattkarte benutzte.

Der erste Preis für Blödheit geht an einen 28-jährigen Berufseinbrecher, der unter Auflagen frühzeitig aus dem Gefängnis entlassen worden war. Bereits auf dem Nachhauseweg machte er den nächsten Bruch. Als die Polizei am nächsten Tag bei ihm klingelte, um ihn an seinen Termin beim Bewährungshelfer zu erinnern, begrüßte er die Beamten mit der Frage: »Seid ihr wegen meines Einbruchs hier?«

Manchmal sind aber auch Einbruchsopfer bescheuert. Als Stephen Barton aus Kent beraubt worden war, rief er die Polizei, wie man es in einem solchen Fall tut – aber nicht, wenn man in seinem Haus eine Cannabis-Plantage hat. Der Einbrecher kam davon, Barton muss für 16 Monate ins Gefängnis. Er hätte besser Salatgurken angepflanzt, dann wäre er straffrei ausgegangen und der Einbrecher vielleicht überführt worden.

ELTERN IN UNIFORM

Es herrscht Krieg vor Englands Schulen. Es gibt einen hübschen Begriff dafür: »Road Rage« – Gewalt im Straßenverkehr. Die Eltern, die ihre Kinder zur Schule fahren, balgen sich um die raren Parkplätze. 67 Prozent geben zu, dabei schon mal ausgerastet zu sein. In Manchester hat eine Mutter ihren Wagenheber aus dem Kofferraum geholt und damit auf das Auto einer anderen Mutter eingeschlagen, weil die sich geweigert hatte, die Straße frei zu machen. Dabei brüllte sie allerlei Obszönitäten und spuckte auf die Windschutzscheibe. Zum Glück haften Kinder nicht für ihre Eltern.

Noch schlimmer geht es zu, wenn die Kleinen abgeliefert worden sind. Dann setzt eine regelrechte Stampede ein, weil die Eltern es kaum abwarten können, ein paar Stunden Ruhe zu genießen – besonders nach den Ferien, in denen sie die kleinen Monster ständig am Hals hatten.

Die häufigsten Opfer von Road Rage sind aber berufstätige Männer mittleren Alters, die die Tories wählen, so hat eine Studie des Fernsehsenders ITV ergeben. Fast die Hälfte dieser Männer hat es schon mal erwischt. Männer zwischen 25 und 39 hingegen sind die typischen Täter. Am sichersten vor Gewalt im Straßenverkehr ist demnach eine arbeitslose 60-jährige, die die Liberalen Demokraten wählt. Sie erregt höchstens Mitleid.

Eine Stadtverwaltung in Essex hat eine Idee für die Lösung des Elterntaxi-Problems. Da man aus Kostengründen keine weiteren Verkehrswächter einstellen kann, macht man einfach Eltern zu Knöllchenverteilern. Freiwillige werden kurz ausgebildet, begleiten vier Wochen lang einen festangestellten Verkehrswächter und bekommen dann ihre eigene Uniform. Man geht offenbar davon aus, dass die frisch uniformierten Eltern verantwortungsbewusst sind, und die anderen Eltern Respekt vor der Uniform haben. In Wirklichkeit kommt es aber zu Racheakten wegen früherer Parkplatzstreitigkeiten. Und die Lehrer müssen auf der Hut sein, damit sie den Sprösslingen der Knöllchenverteiler keine schlechte Note geben.

Die Idee ist ausbaufähig. Wegen der Kürzungen des Bildungsetats knöpft eine katholische Schule in Stoke-on-Trent den Eltern eine Parkgebühr ab. Manche Eltern weigern sich zu zahlen. Als nächstes würde man von den Schülern Eintritt verlangen, befürchten sie. Warum eigentlich nicht? In Irland mussten die Kinder früher eine Torfsode in die Schule mitbringen, damit das Gebäude geheizt werden konnte. Man kann doch heutzutage verlangen, dass die Schüler ein Stück Kreide und ein Roast-Beef-Sandwich für den Lehrer mitbringen.

Im Chemie-Unterricht in Stoke könnte man Schnaps brennen, das beherrschen Katholiken besonders gut. Wenn man die Eltern nach Schulschluss zur Schnapsprobe einlädt und den Verkehrswächtern einen Tipp gibt, wäre dank des massenhaften Führerscheinentzugs auch das Parkproblem gelöst. Und die Kleinen müssten zur Schule laufen, womit man auch etwas gegen die Fettleibigkeit bei englischen Kindern unternommen hätte.

ZUM TROST EIN ERDMÄNNCHEN

Kauft irische Produkte, um die einheimische Wirtschaft zu stärken, heißt es im Werbefernsehen regelmäßig. Ich folgte der Aufforderung vor einigen Jahren und kaufte zwei Tuben Zahnpasta der Marke Fiacla. Das ist das irische Wort für »Zähne«. Sie hätten das Produkt »Muinchille« nennen sollen, irisch für »Ärmel«. Als ich auf die Tube drückte, platzte sie hinten auf, und die Paste landete nicht wie geplant auf der Zahnbürste, sondern auf dem Ärmel. Bei der zweiten Tube passierte das gleiche. Ich schickte beide Tuben an den Hersteller und erhielt zwei neue Tuben. Diesmal krempelte ich mir vor dem patriotischen Zähneputzen vorsichtshalber den Ärmel hoch, und das war eine kluge Entscheidung. Die beiden aufgeplatzten Tuben gingen ebenfalls zurück an den Hersteller, und ich erhielt zwei neue.

Dabei hatte ich noch Glück. Andere Firmen entschädigen Kunden mit allerlei bizarren Dingen. Ein Unternehmen bot einem verblüfften Kunden einen Jahresvorrat an Früchtekuchen an. Ein anderer erhielt ein Heft mit attraktiven Gutscheinen für allerlei interessante Läden. Die lagen allerdings in den USA, und ein Flugticket lag nicht bei. Der Kunde, der sich in einem Restaurant eine Lebensmittelvergiftung zugezogen hatte, war vermutlich wenig begeistert über den Essensgutschein für dasselbe Restaurant.

Das britische Institut YouGov hat in einer Umfrage die merkwürdigsten Entschädigungsofferten gesammelt. So erhielt ein Mann, dessen maßgeschneiderter Anzug in der Post verloren gegangen war, von der Royal Mail ein Briefmarkenheftchen mit zwölf Marken. Ein wütender Autofahrer, dessen Kfz-Reparatur von einem Mechaniker verpfuscht worden war, was die Kosten um hundert Pfund erhöhte, bekam zum Trost eine Tafel Schokolade. Ein anderer erhielt eine Flasche abgelaufenen Orangensaft, der fermentiert war. Einem Kunden, der drohte, den Mobilfunkanbieter zu wechseln, wurde ein einmaliger Loyalitätsbonus von 60 Pence in Aussicht gestellt.

Der Gipfel war jedoch das Angebot an einen unzufriedenen Kunden, er dürfe kostenlos ein Erdmännchen adoptieren. Diese kleinen Säugetiere leben im südlichen Afrika, essen Insekten und gehören nicht zu den bedrohten Arten. Warum also eins adoptieren? Oder handelte es sich um Timon aus dem Disney-Film »Der König der Löwen«?

Nicht immer wird jedoch eine Entschädigung angeboten, manchmal gibt es nur eine Erklärung, warum etwas schief gelaufen ist. Ein Kurierdienst sagte einem Kunden, der vergeblich auf seinen Reisepass gewartet hatte, dass der Hund der Freundin des Kurierfahrers plötzlich verstorben sei und er sie trösten musste. Und eine Fluggesellschaft erklärte einem Ehepaar, dessen Koffer verschwunden waren, dass es keine Entschädigung gebe: »Wissen Sie nicht, dass wir mitten in einer Rezession stecken?«

Diese Erfahrung musste wohl auch Fiacla machen. Ich hatte vier Mal jeweils zwei Tuben Zahnpasta erhalten, die allesamt bei leichtem Druck aufplatzten. Dann stellte die Firma die Produktion ein. Ich hoffe nicht, dass es an mir lag.

In Großbritannien wird auch nur noch Mist produziert. Ich weiß das aus langjähriger Erfahrung. Man hatte mir eine Waschmaschine angedreht, die die Wäsche auffraß, einen Fernseher, der grüne Bilder produzierte, was nicht an der Grünen Insel lag, einen Kühlschrank, der drei Monate funktionierte, und einen Ersatzkühlschrank, der immerhin ein Jahr hielt, sodass die Garantie abgelaufen war. In Großbritannien gibt es auf alle Geräte nur ein Jahr Garantie, weil sie ihrem Plunder selbst nicht trauen. Ich hätte besser auf eine alte irische Weisheit gehört: »Verbrennt alles Englische außer ihre Kohle.« Aber Kohle haben sie ja nicht mehr. Ich gab den Schrotthändlern auf der Nachbarinsel stattdessen immer wieder eine Chance – selbst nach dem Kauf einer Dose Rasierschaums, die keinen Schaum herausrückte.

Doch jetzt ist Schluss. Der Gipfel war eine Toilette. »Made in Italy« stand auf dem Aufkleber, und sie sah mit ihrer rechteckigen Toilettenbrille schick aus, obwohl die Gattin monierte, es gäbe kaum Menschen mit rechteckigem Hintern. Nicht mal Amis.

Nach sechs Monaten war der Toilettensitz kaputt, die Halterung war abgebrochen. In der Filiale des englischen Sanitärbedarfs im westirischen Galway stieß ich sofort auf Verständnis. Es schien, als habe man mich bereits erwartet. »Hier ist die Webseite, auf der sie einen Ersatzsitz bestellen können«, sagte die Verkäuferin und drückte mir einen Zettel in die Hand.

Die Webseite gab es nicht. Weitere Recherchen ergaben, dass die Toilette keineswegs aus italienischer Produktion stammte, sondern von Cook & Lewis hergestellt worden war. Die Firma arbeitet ausschließlich für diese englische Sanitärbedarfskette. Ein Ersatzsitz sollte 133 Pfund Sterling plus Porto kosten. Ich bestellte stattdessen eine komplette neue Toilette in Deutschland, und zwar zum halben Preis. Inklusive Lieferung nach Irland. »Made in China« klingt inzwischen besser als »Made in Britain«.

Auf der Isle of Wight gibt es ein »Poo Museum« – ein Museum für Scheiße. Meine Annahme, dass dort britische Produkte ausgestellt werden, erwies sich als Irrtum. Es handelt sich um echte Scheiße von Mensch und Tier. Der berühmte englische Humor ist nichts weiter als Galgenhumor.

EIN KARNICKEL AUF DER MOTORHAUBE

An manchen Tagen hat man einfach schlechte Laune. Dann reicht eine Kleinigkeit, und man rastet aus. Einen solchen Tag hatte offenbar der walisische Polizist Mike Baillon erwischt. Dabei hatte alles ganz harmlos angefangen. Er und seine beiden Streifenkollegen hatten den 74-jährigen behinderten Rentner Robert Whatley in seinem Range Rover angehalten, weil er sich nicht angeschnallt hatte. Die Beamten nahmen seine Daten auf und verpassten ihm einen Strafzettel.

Whatley nahm an, dass die Sache damit erledigt sei – und fuhr los. Für die Polizisten war der Fall jedoch noch lange nicht erledigt. Angeblich hatte Whatley sie beleidigt. Sie nahmen die Verfolgung auf. Das Rennen wurde von der am Streifenwagen montierten Kamera gefilmt. Es dauerte eine Viertelstunde und führte 15 Kilometer lang durch schmale Landstraßen in Süd-Wales. Whatley ließ sich durch die heulende Sirene hinter ihm nicht beeindrucken. Er glaubte, die freundlichen Beamten würden ihn nach Hause eskortieren. Welch Irrtum. Weder handelte es sich um Begleitschutz, noch um freundliche Beamte. Das bekam

Whatley zu spüren, als sie ihn endlich gestellt hatten. Baillon sprang wie ein wilder Stier aus dem Wagen und hämmerte mit seinem Schlagstock 15 Mal gegen Whatleys Seitenfenster, bis die Scheibe zerbarst. Dann griff er durch das Fenster, schnappte sich den Zündschlüssel und sagte zu Whatley: »Beruhigen Sie sich, es ist vorbei.«

Sein Kollege beruhigte sich jedoch keineswegs. Er hüpfte wie ein tollwütiges Karnickel auf der Motorhaube herum und versuchte, die Windschutzscheibe einzuschlagen. Schließlich zerrte er den verschreckten Rentner aus seinem Auto. Dann brach der Film ab.

Damit war die Sache aber nicht vorbei. Offenbar stellten garstige Kollegen das kleine Amok-Video ins Internet. Binnen kürzester Zeit wurde es 30 Millionen Mal aufgerufen. Baillon wurde gegen seinen Willen weltberühmt. Seine Kollegen gaben ihm den Rest. Sie machten sich täglich über ihn lustig und beschmierten seinen Spind mit Anspielungen auf den »Whatley-Zwischenfall«. Schließlich reichte es seinem Vorgesetzten: Er versetzte Baillon in den Innendienst, weil er befürchtete, dass er im Außendienst von Übeltätern ausgelacht würde.

Baillon klagte. Er sagte, isoliert betrachtet sehe das Video möglicherweise furchtbar aus, aber Polizeiarbeit sei nun mal mitunter hässlich. »Ich hatte die Situation vollkommen unter Kontrolle«, sagte er, seine Aktion sei wie aus dem Lehrbuch fachmännisch durchgeführt worden. Und die eingeschlagene Scheibe? Baillon erklärte, er habe gar nicht erst versucht, Whatleys Tür auf konventionelle Weise zu öffnen, da er vermutete, dass sie abgeschlossen sei.

Das Gericht stimmte Baillon zu. Es sprach ihm für entgangene Pensionsansprüche, die Degradierung und den damit verbundenen Stress 440.000 Pfund zu. Whatley bekam für seinen Stress und den Schaden an seinem Range Rover 20.000 Pfund. Aber davon muss er wegen Verletzung der Gurtpflicht 235 Pfund Strafe und die Gerichtskosten zahlen.

Wenig Freude an ihrem Job dürften Baillons Kollegen aus Nordirland haben. Ihre Behörde hatte eine kleine Polizeidelegation am St. Patrick's Day zur Parade nach New York entsandt. Die findet seit mehr als 250 Jahren zum irischen Nationalfeiertag am 17. März statt. Die nordirische Polizeidelegation wurde jedoch in letzter Minute wieder ausgeladen, weil militante US-Iren sich aufgrund der unrühmlichen Rolle der Polizei im Nordirland-Konflikt beschwert hatten. In allerletzter Minute wurde die Delegation aber wieder eingeladen, weil sich Sinn Féin, der politische Flügel der inzwischen aufgelösten Irisch-Republikanischen Armee (IRA), dafür eingesetzt hatte.

Die 200.000 Teilnehmer mussten sich strengen Regeln unterwerfen. Sie sollten anständig angezogen sein, grüne Hüte und Turnschuhe waren verboten, ebenso wie essen, trinken oder rauchen. Man hatte in Reihen von acht bis zehn Menschen zu marschieren. Tiere oder andere Maskottchen mussten zu Hause bleiben, ebenso wie Schwule oder Lesben. Dafür hatten die irisch-katholischen Fundamentalisten in den USA gesorgt.

Die Schwulen- und Lesbenorganisationen kritisierten die nordirischen Polizisten heftig für ihre Teilnahme. Die Organisatoren der Parade taten ein Übriges, um den Gastpolizisten den Tag zu verderben. Sie ließen lediglich ein einziges Spruchband zu: »England raus aus Irland!« Hinter dem mussten die Beamten, die daheim jahrzehntelang für den Verbleib Nordirlands im Vereinigten Königreich gekämpft hatten, marschieren.

In Belfast rauften sich die Unionisten die Haare. Ob er närrisch geworden sei, wollte ein Abgeordneter vom Polizeichef wissen, dass er seine Beamten für einen Slogan demonstrieren lasse, den die IRA bei ihrer militärischen Kampagne benutzt hatte? Ein anderer verlangte Auskunft, ob die Reise etwa mit Steuergeldern finanziert worden sei.

Dabei hatte der Polizeichef vorsichtshalber nur sechs Beamte geschickt. Die restlichen wurden zu Hause gebraucht. Am St. Patrick's Day zogen Gruppen volltrunkener Kinder durch die Innenstadt und versetzten die Passanten in Angst und Schrecken, sodass die Polizei ein paar 15-jährige festnehmen musste. Zu allem Überfluss gerieten die Beamten vor dem Belfaster Rathaus in ein Scharmützel zwischen den Teilnehmern an der Parade und unionistischen Demonstranten. Letztere protestierten, weil der Union Jack über dem Rathaus wehte. Dadurch bekäme der Tag den gleichen Stellenwert wie der Geburtstag der Königin. Mit anderen Worten: Ob in den USA oder in Belfast – Nordirlands Polizisten haben einen miesen Job.

KACKEN IN FREIER WILDBAHN

Bisher galt Berlin als Europas Hundehaufenhauptstadt. Dieser olfaktorische Titel gebührt jedoch Dublin. In Irlands Hauptstadt leben mehr als 30.000 Hunde. Rechnete man es auf die Bevölkerungszahl um, wären das doppelt so viele Hunde wie in Berlin.

Wie der Hund, so das Herrchen: Der Dubliner lässt gerne den Müll auf der Straße fallen, und die Dublinerin tut das auch. Eine Umfrage hat ergeben, dass ein Viertel die Stadt als vermüllt empfindet. Das größte Problem sei die Hundekacke, finden die meisten. 1914 wurden lediglich zwei Strafzettel wegen Kackens auf freier Wildbahn ausgestellt. Ein Jahr später waren es schon 2.300, von denen aber 70 Prozent nicht bezahlt wurden.

Die Stadtverwaltung setzt Geheimagenten ein, die sich in Parks und auf Spielplätzen herumtreiben und Hunde beobachten. Wer den Haufen seines Vierbeiners aufsammelt, bekommt zur Belohnung einen Hundekuchen, wodurch die Tarnung freilich auffliegt. Wer den Haufen ignoriert, muss 150 Euro Strafe zahlen. Wenn die Sache vor Gericht geht, kommen Kosten bis zu 4.000 Euro auf den Hundehalter zu. Allerdings müssen die Agenten vorsichtig sein: Kinderlose erwachsene Männer, die sich auf Spielplätzen herumdrücken, könnten leicht Ärger bekommen.

Ein Problem ist, dass es kaum Mülleimer gibt, in denen man die vollen Plastiktüten entsorgen kann. Die Stadtverwaltung hat die meisten Behälter wieder abgebaut, weil Menschen ihren Hausmüll hineingeworfen hatten, um die Gebühr für die Müllabfuhr zu sparen. Stattdessen haben die Stadtoberen eine Telefonnummer eingerichtet: Dort können Denunzianten anonym Leute verpetzen, die die Hundescheiße nicht weggeräumt haben. Darüber hinaus hat man Laternenmasten mit verdeckten Lautsprechern ausgerüstet. Läuft jemand mit einem Köter daran vorbei, brüllt die Laterne, man solle gefälligst den Hundehaufen aufsammeln. Es soll Fälle gegeben haben, wo sich der Hundehalter vor Schreck in die Hose gemacht hat.

Jede dieser Laternen kostet knapp tausend Euro Unterhalt im Vierteljahr. Ein Stadtverordneter schlug vor, Asylbewerber statt der Laternen einzusetzen. Das käme billiger, und die Asylbewerber könnten einen Beitrag zur Gesellschaft leisten. Eine gute Idee – man müsste die Leute bloß mit Zweigen und Blättern als Busch tarnen.

Der Abgeordnete Finian McGrath sagte, es gebe drei Arten von Hundehaltern: die Verantwortungsbewussten, die Verantwortungslosen und diejenigen, die so tun, als ob sie verantwortungsbewusst seien, aber ihre Hunde zum Kacken nachts in den Park schickten. Der oben erwähnte Stadtverordnete meinte, da die Zahl der Obdachlosen in letzter Zeit sprunghaft angestiegen sei, könnten sie sich durch die Überwachung der Anlagen ein paar Cent dazuverdienen: Sie hielten sich nachts ja ohnehin in den Parks auf.

RAUCHEN MIT HAKEN

Die Gesundheitsapostel feierten den zehnten Jahrestag des Rauchverbots in irischen Pubs und an anderen Arbeitsplätzen mit einem Symposium. Politiker, Anti-Tabak-Lobbyisten und Wissenschaftler gratulierten sich einen Tag lang gegenseitig zu diesem Gesundheits-Coup, während sie genüsslich ihr fettes irisches Frühstück mit Würstchen, Speck, Blutwurst, Ei und gebratenem Weißbrot verzehrten.

Ich habe bereits als Vierjähriger Bekanntschaft mit Zigaretten gemacht. Es war bei einem Spaziergang mit meinen Eltern. Ich fuhr mit meinem Kinderrad vorneweg und zog an den Fächern der Zigarettenautomaten. Natürlich gingen sie nicht auf – bis auf ein Mal. Plötzlich lag eine Packung Overstolz ohne Filter im offenen Schacht. Die Kippen aus der Kölner Zigarettenfirma Haus Neuerburg waren nach dem alten Patriziergeschlecht der Overstolzen benannt. »Leichtbekömmlich muss es sein, wie die Overstolz vom Rhein«, lautete der Werbespruch. Davon wusste ich damals natürlich nichts. Ich starrte auf die Packung, schob vor Schreck den Schacht wieder zu und fuhr zurück zu meinem Vater, um ihm von dem unglaublichen Vorfall zu berichten. Wieso ich das Zigarettenpäckchen nicht aus dem Automaten genommen hätte, wollte er wissen. Ich fühlte mich als Versager. Offenbar hat sich das tief in meine Psyche eingegraben, denn später, als ich im rauchfähigen Alter war, entwickelte ich mit ein paar Klassenkameraden eine Methode, die zwar wenig elegant war, aber zum Ziel führte. Man musste zunächst eine Schachtel auf ehrliche Art ziehen. War die Schublade dann offen, konnte man mit einem S-förmigen Haken die nachfolgenden Päckchen aus dem Schacht reißen. Zwar wurden dabei einige Kippen vom Haken zerstört, aber das kostete ja nichts.

Später ging das nicht mehr, weil die Päckchen durch eine Klappe gesichert waren. Aber es gab andere Methoden: Die englischen Fünf-Pence-Münzen funktionierten in älteren Automaten als Markstücke. Einmal im Dezember gingen mir spät nachts die Kippen aus. Wir lebten im Berliner Stadtteil Südende, wo ab 21 Uhr allgemeine Bettruhe herrschte. Ich stapfte mit meinen englischen Münzen durch den Schnee zum nächsten Automaten, doch der rückte weder Zigaretten, noch die Münzen wieder heraus. Voller Verzweiflung hämmerte ich gegen das Gerät, das daraufhin zwar nicht meine englischen Geldstücke, aber acht Mark ausspuckte. Ich ging vorsichtshalber zu einem anderen Automaten und zog völlig legal zwei Schachteln Zigaretten. Und ich konnte endlich die leidige Overstolz-Geschichte ad acta legen.

Inzwischen habe ich auch die Kippen ad acta gelegt. Aber manchmal stelle ich mich noch wehmütig neben einen Rauchenden und atme tief ein. Überrascht las ich, dass in Deutschland neuerdings Ekelbilder auf den Zigarettenpackungen abgedruckt sind. Das gibt es in Irland seit Jahren. Als ich noch rauchte, sammelte ich die hässlichen Schachteln.

Auf der Grünen Insel ist man längst einen Schritt weiter. Seit Jahren sind Kippen Bückware und dürfen in Geschäften nicht sichtbar sein. Dann trat die nächste Stufe der Rauchergeißelung in Kraft: Alle Zigarettenpäckchen müssen identisch sein. Sie sind kotzgrün, haben ein noch größeres Ekelfoto, darunter steht klein in festgelegter Schrifttype der Markenname. Für Tabak zum Selbstdrehen gilt das Gleiche.

Die Schachteln müssen mindestens 20 Zigaretten enthalten, damit das widerliche Foto, das zwei Drittel der Packung bedecken muss, gut sichtbar ist. Müssen Touristen, die aus raucherfreundlicheren Ländern einreisen, im Fährhafen oder auf dem Flughafen die bunten Schachteln verbrennen und die Kippen lose importieren? Ein einheimisches Kind könnte ja sonst eine verführerisch bunte Packung sehen und – schwupps – zum Raucher werden.

Und was ist eigentlich mit Süßigkeiten? Zucker versetze »den menschlichen Organismus von Kopf bis Fuß in einen derart geschwächten Zustand, dass jeder Tag zu einem Überlebenskampf werden kann«, heißt es auf der Webseite des Zentrums für Gesundheit. Also muss eine Einheitsverpackung für Gummibärchen und Co. her, und zwar mit Horrorfotos von schlaffen, antriebslosen, depressiven, kranken Kindern.

Der britische Künstler Fuller hat übrigens 110 verschiedene Zigarettenschachteln zu Grabsteinen umgestaltet. Wie originell. Als alter Suchtbolzen erkennt man die Marken aber trotz der Verfremdung. Das Werk heißt »Duty paid«, doch die Tabaksteuer zahlen in Irland nur Menschen, die selbst nie ins Ausland reisen und auch niemanden kennen, der das tut. Eine Schachtel kostet nämlich 11 Euro, und bis 2020 soll sich der Preis verdoppeln, so wünscht es sich das Gesundheitsministerium.

Dort sitzt jedoch ein Staatssekretär mit einem Herzen für Raucher. Finian McGrath bat um mehr Verständnis für die Nikotinsüchtigen, schließlich seien sie mit 20 Prozent eine bedeutende Minderheit. Natürlich lösten seine Äußerungen das Wutgeheul der moralisierenden Meute aus, allen voran der *Irish Independent,* das Blatt für den selbstgerechten Kleinbürger: »Der neue Staatssekretär im Gesundheitsministerium hat sich geweigert zu versprechen, dass er das Rauchen aufgeben werde«, rüffelte das Blatt. Bei solch gehobenen Zeigefingern könnte man glatt wieder zur Kippe greifen.

©TOM

DICKI MIT DEN KLEINEN ARMEN

Engländer und Schotten hätten so viel gemeinsam, beschwor der damalige britische Premierminister David Cameron die Schotten vor ihrem Referendum über die Unabhängigkeit. Offenbar glaubten sie ihm und entschieden sich für die Union. Welch Fehler, wie sich später herausstellte. Beide Völker haben wenig gemein: Die einen halten Sex für eine ausländische Erfindung, die anderen haben den Sex erfunden.

Doch der Reihe nach. Der ungarische Schriftsteller George Mikes schrieb einmal, dass die Engländer stets Wärmflaschen an Stelle eines Sexuallebens haben. Das ist natürlich ein uraltes Klischee, heutzutage haben sie elektrische Heizdecken. Beim Engländer ist lediglich die Oberlippe steif, denn ihr Zittern könnte Erregung oder gar Gefühle verraten. Und die sind tabu. Englische Badezimmer sind ein kalter und ungemütlicher Ort, denn zu viel Komfort könnte zu unüberlegten Handlungen verführen. Kein Wunder, dass laut einer Umfrage der Family Planning Association ein Drittel der Engländer glaubt, Sport, Duschen und Pinkeln schütze nach dem Geschlechtsverkehr vor Schwangerschaft.

Der *Guardian* bemerkte überrascht, dass Deutsche anscheinend keinerlei Alkohol brauchen, um zum ersten Mal miteinander zu schlafen. Bei Engländern setzt Alkohol merkwürdige Triebe frei. In der südenglischen Grafschaft Wiltshire ist ein Mann verurteilt worden, weil er versucht hatte, Sex mit einem Laternenpfahl zu haben. Ein anderer stand vor Gericht, weil er sein Fahrrad mit aufs Hotelzimmer genommen hatte und sich in eindeutiger Weise an dem Drahtesel zu schaffen machte.

Die Engländer hätten übrigens mit ihrer Annahme, Sex sei eine ausländische Erfindung, beinahe recht behalten – wenn die Schotten Ja zur Unabhängigkeit gesagt hätten. Sie haben nämlich den Sex erfunden. Das haben Wissenschaftler erforscht. Der erste Geschlechtsverkehr zwischen Wirbeltieren fand vor 385 Millionen Jahren in Schottland zwischen zwei Microbrachius dicki statt, den ersten Fischen mit Kiefern.

»Microbrachius« bedeutet »kleine Arme«, womit die Genitalgliedmaßen gemeint sind, mit denen sich der männliche und weibliche Fisch beim Geschlechtsakt gegenseitig festhalten, um den L-förmiger Penis in Position zu bringen. Man hatte jahrelang gerätselt, wozu die kleinen Arme der primitiven gepanzerten Fische dienten, die in den schottischen Seen lebten. Nun hat man das Rätsel anhand von Fossilien gelöst.

Der Dicki hat auch eine interessante Stellung entwickelt – den seitlichen Geschlechtsverkehr. Der Vorfahr des Schotten hatte also nicht nur einen Kiefer, Zähne und Gliedmaßen, sondern vor Millionen Jahren auch schon Sex, bevor er Beine bekam, an Land ging und begann, Whisky zu brennen.

Am Whisky lag es aber nicht, dass die Schotten sich gegen die Unabhängigkeit entschieden haben. Das hatte andere Gründe. In einem kleinen Café in der Rose Street in Edinburgh saß am Morgen nach dem Referendum ein völlig übernächtigt aussehender junger Mann mit seiner Mutter, die im Gegensatz zu ihm wie aus dem Ei gepellt wirkte. »Junge, du siehst furchtbar aus«, meinte sie. Kein Wunder, entgegnete der Sohn, schließlich habe er die Nacht auf dem Calton Hill am Rand der Innenstadt verbracht und vergeblich auf die Party gewartet, weil ihn keiner informiert hatte, dass das Referendum schon um vier Uhr nachts entschieden war.

»Wir haben verloren, Mutter«, sagte er. Die Mutter schaute betreten zu Boden, sodass der Sohn misstrauisch nachhakte: »Du hast doch Ja gestimmt, wie du versprochen hast?« Doch, antwortete die Mutter, aber es klang nicht überzeugend. »Oder hast du deinen Bruder getroffen?«, fragte er. Ja, Onkel Ben sei bei ihr gewesen, räumte die Mutter ein. »Vor oder nach der Stimmabgabe?« Er habe sie zum Wahllokal gefahren.

Der Sohn heulte auf: »Dein Bruder ist Unionist, er leidet wie 55 Prozent aller Schotten unter dem Stockholm-Syndrom.« Es wirke sich so aus, dass die Menschen sich mit den Engländern identifizieren, von denen sie vor über 300 Jahren als Geiseln genommen wurden. Sie können dann nicht mehr unterscheiden, ob ein Politiker lügt, und sie nehmen es als bare Münze, wenn ein Lackaffe mit Oxford-Akzent behaupte, er liebe Whisky, Dudelsäcke und karierte Röcke.

»Hat dich Onkel Ben etwa überredet«, fragte der Sohn, »Nein zu stimmen?« Er sei doch immer sehr nett gewesen, wich die Mutter aus. »Zur Kommunion hat er dir hundert Pfund geschenkt.« Das Geld könne er zurückhaben, sagte der Sohn. »Diese Natter hat dich eingewickelt. Mir hast du eben noch versichert, du habest Ja gestimmt.« Habe sie auch, antwortete die Mutter trotzig. Also kein Nein? »Doch«, meinte die Mutter, der die Sache zunehmend peinlich wurde.

Das dürfe bitte nicht wahr sein, sagte der Sohn, der inzwischen noch übernächtigter aussah. Seine Freunde hatten sich über den Klotzkopf lustig gemacht, der Ja und Nein angekreuzt hatte. Nach Bekanntgabe des Ergebnisses in jedem der 32 Wahlkreise wurde auch verkündet, wieviele Stimmen ungültig waren – und aus welchem Grund. »Du bist diejenige, die beides angekreuzt hat«, stöhnte der Sohn.

Aus diesem Grund sei ihre Stimme gar nicht für ungültig erklärt worden, sagte die Mutter beleidigt. Sie sei aussortiert worden, weil sie nicht anonym gewesen sei. »Nicht anonym«, rief der Sohn, »was soll das denn heißen?« Nun, sie habe auf dem Stimmzettel vermerkt, dass ihr Sohn sie zum Ja überredet habe, während ihr Bruder ein Nein bevorzuge. Deshalb habe sie beides angekreuzt, und der Wahlleiter möge sich eine Antwort aussuchen. Ihr sei das jetzt egal. Dann habe sie den Wahlkettel unterschrieben und ihre Telefonnummer darunter gesetzt, falls der Wahlleiter nachfragen wollte. »Mutter, du kommst ins Heim«, entschied der Sohn. »Und ich wandere aus. Nach Glasgow.«

ZOCKEN MIT JESUS

Iren hatten es noch nie leicht in England. Früher wurden sie beim Eisenbahnbau verheizt, später beim Kanaltunnel, und an vielen Geschäften und Kneipen hingen Schilder: »Zutritt für Hunde und Iren verboten.« Jetzt vergiftet man Iren offenbar in Großbritannien.

Der dreijährige Thendara Satisfaction, Spitzname Jagger, lebte in der Diaspora in Belgien. Nachdem er mit seinen Erziehungsberechtigten Dee Milligan-Bott und Alexandra Lauwers von einer Reise nach Birmingham zurückgekehrt war, brach er tot zusammen. Bei der Autopsie wurden vergiftete Rindfleischwürfel in seinem Magen gefunden. Es könne nur in Birmingham passiert sei, mutmaßt Milligan-Bott: »Es war das einzige Mal, dass wir ihn kurz alleine gelassen hatten. Wir hatten ihn an einer Bank angebunden, weil wir mit seinem Halbbruder Noodle auf die Bühne mussten.«

Noodle sei vermutlich das eigentliche Ziel des Giftmords gewesen, denn der hatte bei Crufts den ersten Preis als bester seiner Rasse gewonnen. Noodle und Jagger sind rothaarige irische Setter, und Crufts ist die größte Hundeshow der Welt. Dabei geht es schlimmer zu als bei den Schönheitswettbewerben kleiner Mädchen in den USA, bei denen die Mütter ihre Töchter in enge Kleidchen zwängen, sie wie Filmstars schminken und die Konkurrentinnen mit Gehässigkeiten überhäufen.

Bei Crufts gehen die Hundebesitzer noch einen Schritt weiter. Manchmal platzieren sie eine läufige Hündin neben einen aussichtsreichen Rüden, damit er die Contenance verliert, was Punktabzüge zur Folge hat. Andere schmieren einem frisch gekämmten und gefönten Tier in einem unbeobachteten Moment einen Kaugummi ins Fell. Ein Hund wurde mit Abführmittel gefüttert, sodass er beim Wettbewerb verschissen hatte (okay, fünf Euro in die Kalauerkasse). Und einmal hat jemand einem Tier heimlich LSD verabreicht. Der Hund glaubte, er könnte fliegen, sodass seine Besitzer ihn in einer Falknerei abgaben (nochmal fünf Euro).

1939 schlichen sich sechs Arbeitslose von der Nationalen Arbeiterbewegung in den Saal und entrollten vor den Punktrichtern Plakate: »Die Hunde sind okay – beurteilt lieber unseren Zustand.« Es gab damals zwei Millionen Arbeitslose in Großbritannien. »Luxus für Hunde – Armut für Menschen«, stand auf einem anderen Plakat. Die sechs Männer wurden eiligst von der Polizei aus dem Saal geführt, weil die Hunde nervös wurden. Iren wetten hingegen lieber auf Hunde oder Pferde oder Fußballer oder sonstwas. So mancher hat Haus und Hof beim Buchmacher verspielt – die meisten bei Paddy Power, dem irischen Unternehmen, das nach seiner Fusion mit Betfair zu den größten der Branche zählt.

Dank der Werbekampagnen nach dem Motto »Hauptsache es kracht« ist Paddy Power auch unter Wettmuffeln bekannt. Einmal zeigten sie Jesus und seine Jünger zockend beim letzten Abendmahl, ein anderes Mal verwechselte ein Spieler beim Blindenfußball eine Katze mit dem Ball und beförderte sie mit einem Tritt in einen Baum.

Einen Aufschrei gab es, als auf einem Werbeplakat zwei alte Frauen mit Gehhilfen die Straße überquerten, während ein Landrover angerast kam. Über den beiden Frauen waren Wettquoten gedruckt. Paddy Power beschwichtigte, es ginge darum, wer am schnellsten die Straße überquert, und nicht, wer vom Auto überfahren werde.

Buchmacher setzen aber wenigstens ihr eigenes Geld ein. Börsenmakler hingegen spielen mit dem Geld fremder Leute. Mit meinem zum Beispiel. Wie gesagt, bin ich kein Spieler. Aber ich bin gutgläubig. Einmal hörte ich im Pub am Nebentisch, wie jemand lauthals vorhersagte, dass sich die Aktien eines bestimmten Unternehmens in Kürze versechsfachen würden. Ich eilte am nächsten Tag zu Davy, Irlands größtem Börsenmakler, und investierte trotz des Gelächters der Angestellten ein paar Hundert Euro. Schließlich verfügte ich über Insiderwissen. Der Insider vom Nachbartisch entpuppte sich als Niete. Oder er war Angestellter bei Davy. Jedenfalls dümpelten meine Aktien ein paar Monate lang auf einem Cent pro Stück, und als ich sie verkaufen wollte, kassierte Davy die gesamte Summe für das Aufbewahren meiner Aktien – eine Art Parkgebühr.

Seitdem bekomme ich von den Börsengurus regelmäßig Post, weil ich wegen meines kurzen Ausflugs in die mondäne Börsenwelt nun zum Kundenstamm gehörte. Man möge die Aktien von Paddy Power rasch abstoßen, riet man uns einmal, weil die Buchmacherkette weit hinter den Erwartungen zurückbleibe.

In der Zeitung stand, dass Paddy Power gerade einen Rekordprofit vermeldet hatte. Dank der Warnung der Börsenmakler rutschten die Aktien aber in den Keller. Lag es daran, dass Paddy Power nicht mit Davy, sondern mit dem schärfstem Konkurrenten Goodbody zusammenarbeitet?

Zu den eigenen Kunden ist Davy loyal bis zum Ende. Im Jahr 2008, als die Aktien der irischen Banken ins Bodenlose fielen, empfahl Davy die Bank of Ireland als »sichere Investition mit geringstem Risiko«. Selbst als die Aktie nur noch 89 Cent wert war, prophezeite Davy, dass sie bald auf 1,50 Euro steigen würde. Kurz darauf stand sie bei 22 Cent, und die Bank musste mit Milliarden Steuergeldern vor dem Bankrott gerettet werden.

An den Börsenmaklern ist die Krise spurlos vorübergegangen, sie sprechen weiterhin ihre eigennützigen Börsenempfehlungen aus. Genauso gut könnte man Franz Beckenbauer um Empfehlungen zur Säuberung der Fußballverbände bitten.

RENNEN MIT UMLEITUNG

Kinderarbeit ist eigentlich auch in Irland verboten. Da die irischen Wohltätigkeitsverbände aber ständig Geld benötigen, um die Löcher zu stopfen, die durch die Austeritätspolitik entstanden sind, lassen sie sich gerne von Schulkindern helfen. Die ziehen von Haus zu Haus und betteln darum, sie für Leistungen zu sponsern, die sie demnächst bei irgendeinem Wettkampf erbringen würden. Das Sponsorengeld ist aber sofort fällig. Man hat keine Möglichkeit zu überprüfen, ob die Kleinen wirklich an dem Wettkampf teilnehmen. Man weiß nicht einmal, ob das Geld womöglich in die nächste Eisdiele umgeleitet wird.

In England leiten sie Wettkämpfer hingegen nach Nirgendwo um. Einmal gab es in Bournemouth ein Wohltätigkeitslauf für die British Heart Foundation, die Forschungen über Herzkrankheiten finanziert. 1.200 Läuferinnen und Läufer hatten 70.000 Pfund an Sponsorengeldern eingetrieben und sollten dafür zehn Kilometer um die Wette rennen. Das Feld teilte sich schnell, etwa 300 Läufer hatten sich nach fünf Kilometern abgesetzt. Umso überraschter waren sie, als sie feststellen mussten, dass sie die letzten waren, nachdem sie endlich im Ziel eingetrudelt waren.

Auf halber Strecke sollten die Teilnehmer nämlich in eine Haarnadelkurve geschickt werden und denselben Weg zurück zum Start rennen, der auch das Ziel war. Doch der Ordner, der ihnen den Weg weisen sollte, musste auf die Toilette. Als er zurückkam, war der Tross bereits auf dem Weg zur Autobahn. Nach zwei Kilometern wurden die Leute misstrauisch, weil sie an eine Straßengabelung kamen und nicht wussten, welche Gabel sie nehmen sollten. Sie berieten sich und kehrten vorsichtshalber um. Plötzlich kam ihnen eine ältere Autofahrerin entgegen, die wütend hupte und sie von der Straße scheuchen wollte. Sie war während eines weiteren Toilettenbesuchs des Ordners durch die Absperrung geschlüpft. Einige der Läuferinnen und Läufer brachen in Tränen aus, als ihnen im Ziel klar wurde, dass sie mehrere Kilometer zu viel gerannt waren, während die langsameren Läuferinnen und Läufer längst an der Strandbar saßen.

Einer von denen, Lokalmatador Karl Welch, war ziemlich erstaunt, als er die Ziellinie überschritten hatte und von der Menge als Sieger bejubelt wurde. Ob sich die anderen 300 Teilnehmer vor ihm verlaufen hätten, fragte er. Der Cheforganisator nickte kleinlaut und sagte die Siegerehrung ab.

So etwas kann unserem Nachbarsjungen nicht passieren. Er hatte mir fünf Euro für ein Kinderheim abgeluchst und versprochen, als Gegenleistung an einem Radrennen teilzunehmen. Wann das stattfinde, wollte ich wissen. Er sah mich verblüfft an. Ob ich etwa zuschauen wolle, fragte er entsetzt. Dann erklärte er mir, dass es doch um ganz andere Dinge gehe: Er habe mir das Gefühl vermittelt, etwas Gutes zu tun, und das Kinderheim profitiere davon – »eine Win-Win-Situation«, meinte er, und es klang plausibel. Der Junge ist 13. Er wird später Politiker. Auf das gute Gefühl warte ich immer noch.

30 PUNKTE FÜR ZYZZYVA

Es macht keinen Spaß, mit Séamus Scrabble zu spielen. Erstens kennt er idiotische Wörter, die kein Mensch benutzt, zweitens hat er stets das offizielle Scrabble-Wörterbuch dabei, in dem diese Wörter stehen. Und wenn sie nicht drinstehen, argumentiert er, dass sie drinstehen sollten, weil sie früher gebräuchlich waren. »Waps« zum Beispiel, so behauptet er, sei keineswegs die legasthenische Form von »wasp«, also »Wespe«, sondern hänge mit der Metathese zusammen. Das sei eine Vertauschung von Lauten innerhalb von Wörtern. 30 Punkte für Séamus.

Versucht man selbst, ungewöhnliche Wörter mit hohem Punktwert zu legen, funkt Séamus dazwischen. Jedes Kind kennt seit der Fußballweltmeisterschaft in Südafrika Vuvuzelas, jene ohrenbetäubenden Trompeten, aber sie stehen nicht im Wörterbuch. Aber »zzz« findet man – das Geräusch, wenn jemand schläft. Der Buchstabe »Z« bringt im englischen Scrabble zehn Punkte. Aber in der Scrabble-Schachtel ist nur ein einziges »Z«. Man müsste also zwei Blanko-Steine verwenden, die aber keine Punkte zählen. Ebenso verhalte es sich mit Zyzzyva, einem tropischen Rüsselkäfer, doziert Séamus.

Für Scrabble-Muffel kurz die Regeln: Zwei bis vier Spieler ziehen jeweils sieben Buchstaben, die je nach Häufigkeit verschiedene Werte haben, und müssen damit Wörter legen, wobei sie Bonusfelder auf dem Spielbrett nutzen können.

»Kwyjibo« lässt mir Séamus nicht durchgehen, weil es nicht in seinem Wörterbuch steht. Aber er kennt das Wort, weil er auch Simpsons-Fan ist. Bart versuchte einmal, das Wort zu legen, was ihm 116 Punkte eingebracht hätte. Er behauptete, es sei ein »fetter, trotteliger, glatzköpfiger nordamerikanischer Affe ohne Kinn«, was Vater Homer zu recht auf sich bezog und Bart durchs Haus jagte.

Séamus legt stattdessen »emty« (leer). Da fehle das »p«, moniere ich, doch Séamus erklärt mir, dass dieser Buchstabe erst später eingeschoben wurde. Das nenne man Epenthese – die Ergänzung eines Wortes zur Erleichterung der Aussprache. Das gebe es in der deutschen Sprache auch, meint Séamus: »afrikanisch« zum Beispiel diene der Hiatvermeidung. Woher weiss er das? Er kann überhaupt kein deutsch. Offenbar hat er sich auf diese Scrabble-Runde akribisch vorbereitet, um mich bloßzustellen.

Selbst das deutsche Wort »Schmutz« steht in der englischen Scrabble-Bibel, wie Séamus mir beweist, nicht aber »Dreck«, das ich legen will. Séamus kennt auch zugelassene Wörter wie »Aa« (raue Lava), »Qajaq« (Kajak), »Gi« (weiße Bekleidung beim Kampfsport), »Etwee« (Etui für Nadeln) und »Yuzu« (eine saure japanische Frucht). Einen Trumpf habe ich aber noch im Ärmel, weil ich auf dem Klo heimlich mit dem Smartphone gegoogelt habe. Ich lege »Zax«, ein Werkzeug für Dachdecker, mit dem sie Löcher in die Ziegel stechen. Es nützt mir nichts. Séamus kontert mit »Xyst« und erläutert, dass es sich um einen Terminus aus der griechischen Architektur handelt. Er schreibt sich weitere 30 Punkte gut, während ich das Spielbrett versehentlich umwerfe.

BITTE BEWERTEN
BITTE BEWERTEN
BITTE BEWERTEN
BITTE
BITTE
BEWERTEN
BEWERTEN
BITTE BEWERTEN
BITTE BEWERTEN
BITTE BEWERTEN
Bitte Bewerten
BITTE BEWERTEN
BEWERTEN BITTE
BITTE BEWERTEN
ER
OKAY
GEHT SO
NIE WIEDER
©TOM

ALLEIN IN DER BANK

Die erste Hürde, die es zu überwinden gilt, um meine Bankgeschäfte zu erledigen, ist der Wind. Die Bank hat nämlich eine Sicherheitsschleuse. Durch die erste Tür gelangt man in einen kleinen Vorraum, doch die zweite Tür lässt sich erst öffnen, wenn die erste Tür geschlossen ist. Letzteres verhindert jedoch der Sturm, der in Irland oft tobt. Schließlich gelingt es mir, mit dem Fuß die Außentür zuzudrücken und mit der ausgestreckten Hand die zweite Tür aufzuziehen.

Man hat umgebaut, stelle ich überrascht fest, als ich in der menschenleeren Bank stehe. Der Tresen für die Kundenberatung ist verschwunden, und auch der Schalter, an dem man sein Geld einzahlt oder abhebt, ist weg. Stattdessen stehen dort zwei Automaten, getrennt durch Sichtblenden. Ein Schild weist darauf hin, dass man künftig nur noch dann persönlich bedient werde, wenn man mindestens 3.000 Euro einzahlen wolle. Jemand hat mit einem Kugelschreiber hinzugefügt: »Kleinkunden, verpisst euch!«

So weit musste es ja kommen. Die Banken sind eingeschnappt, weil sie für den Fast-Bankrott Irlands verantwortlich gemacht werden. Dabei gibt es in dem parlamentarischen Untersuchungsbericht über die Gründe für den Bankenzusammenbruch keine Schuldzuweisungen. Die Bankiers und Politiker, die in dem Bericht vorkommen, durften ihn nämlich vorher lesen und Korrekturen anbringen, falls sie mit dem Ergebnis nicht einverstanden waren. So bleibt festzustellen, dass die Bankenpleite einfach Pech war. Banken verspekulieren sich eben manchmal, aber das kann man ja nicht an Personen festmachen. Die Untersuchung hat mehr als 100.000 Euro gekostet – pro Tag. Insgesamt kamen rund fünf Millionen Euro zusammen, die in die Taschen der Regierungskumpane in den Anwaltskanzleien gewandert sind.

Die Banken haben nun den schwarzen Peter, die Menschen vertrauen ihnen nicht mehr. Kein Wunder, dass meine Bank niemanden mehr sehen will. Und sie hat sich eine weitere Strafe ausgedacht. Wer ein »Fada« in seinem Namen hat, bekommt kein Geld. Ein Fada hat nichts mit der gleichnamigen koffeinhaltigen Limonade aus Marseille zu tun, sondern ist ein Accent aigu, der in der irischen Sprache und in irischen Namen häufig vorkommt. Ein Bankcomputer kennt das aber nicht und weist solche Überweisungsformulare zurück. Wäre Ruairí Ó Brádaigh, dem 2013 verstorbenen früheren Chef der Irisch-Republikanischen Armee (IRA), so etwas widerfahren, hätte er vermutlich die ausgemusterten IRA-Waffen eigenhändig wieder ausgegraben.

Mir kommt die leere Bank unheimlich vor, und ich beschließe, ein andermal mit Begleitschutz zurückzukommen. Aber ich sitze fest. Der Sturm hält die Außentür einen Spalt weit offen, sodass die Innentür gesperrt ist.

Irlands Banken wollen aber nicht nur die Kleinkunden abschaffen, sondern auch das Kleingeld. Wenn zum Beispiel ein Produkt in der Herstellung 165 Euro kostet, es aber für 100 Euro verkauft wird, hält sich das Unternehmen nicht lange. Es sei denn, es ist der Staat. Es kostet 1,65 Cent, eine 1-Cent-Münze zu produzieren. Das hat auch die irische Zentralbank 2015 gemerkt und damit begonnen, die beiden kleinsten Münzen aus dem Verkehr zu ziehen.

Es soll seitdem auf- oder abgerundet werden, doch das ist freiwillig. Wer will, kann einen Cent Wechselgeld verlangen, wenn er eine Flasche Wein für 9,99 Euro kauft und mit einem 10-Euro-Schein bezahlt. Deshalb müssen die Ladenbesitzer einen kleinen Vorrat an Winzmünzen bereit halten. Das liegt aber vor allem an deutschen Touristen.

Die erkennt man sofort an den Kassen der Geschäfte. Deutsche kramen solange in ihrer Geldbörse, bis sie den Betrag auf Heller und Pfennig zusammgeklaubt haben. Iren wäre das peinlich. Sie rücken lieber einen großen Schein heraus, um nicht als Pfennigfuchser zu gelten. Deshalb häufen sich bei ihnen die kleinen Münzen an. Man wirft sie in eine Schublade oder gleich in den Mülleimer, denn man kann sie weder an irgendwelchen Automaten, noch an Mautstellen oder Parkuhren verwenden. Die irische Zentralbank hat deshalb dreimal mehr dieser Münzen als im Durchschnitt der Eurozone in Umlauf bringen müssen.

In vielen anderen Ländern werden die kleinen Münzen ebenfalls abgeschafft, in den Niederlanden, in Schweden und Finnland hat man sie – bis auf ein paar Exemplare für Sammler – gar nicht erst eingeführt. Lediglich in Deutschland sind 70 Prozent gegen ihre Ausmusterung. Liegt es an einem Sprichwort? »Wer den Pfennig nicht ehrt, ist des Talers nicht wert«, wurde uns in der Kindheit eingebläut.

Oder fürchten die Freunde der Kupferwinzlinge eine Preiserhöhung, wenn die beliebten 99-Cent-Artikel plötzlich einen Euro kosten? Angeblich dient diese alberne Preisgestaltung nicht dazu, der Kundschaft ein Schnäppchen vorzugaukeln. Es soll in Wirklichkeit aber auf das 19. Jahrhundert zurückgehen, als die Kassen keine Quittungen ausstellen konnten. So musste der Verkäufer stets die Kasse öffnen, um einen Penny herauszugeben, und der Ladenbesitzer wusste wegen des Geräuschs der sich öffnenden Kassenschublade, dass etwas verkauft worden war, sodass der Angestellte das Geld nicht einstecken konnte.

Die irische Zentralbank war bisher recht zufrieden mit den Fortschritten bei der Abschaffung der Münzen zu einem und zwei Cent. Aber sie hatte nicht mit den Klotzköpfen im Ministerium für Kommunikation und Umwelt gerechnet. Die haben ein Jahr nach dem angekündigten Kleingeldende beschlossen, das Porto für einen Inlandbrief von 70 auf 72 Cent zu erhöhen. Unser Schalterbeamter im Dorfpostamt rauft sich die Haare. »Wir sind fast alle kleinen Münzen losgeworden«, sagt er. »Jetzt müssen wir sie wieder sammeln. Die meisten zahlen mit einer Euromünze, und wir müssen 28 Cent herausgeben, denn abrunden dürfen wir nicht.« Er zieht in Erwägung, Briefmarken nur noch im Fünferpack zu verkaufen.

WIE WAR ICH, LIEBLING?

Wer einen Computer hat und manchmal online einkauft, kennt das. Man bekommt früher oder später die Ware per Post, ist mehr oder weniger zufrieden und hat die Sache irgendwann vergessen. Doch dann kommt vom Verkaufsportal eine Mahnung: »Bitte bewerten Sie den Verkäufer.« Um seine Ruhe zu haben, macht man das geschwind, aber seine Ruhe hat man trotzdem nicht. Etwas später kommt nämlich die Aufforderung, das gekaufte Produkt zu bewerten. Sodann soll man die Bewertungen anderer Kunden bewerten: »War die Bewertung hilfreich?«

Bei einem Auktionshaus, nennen wir es Uboy, sind gute Bewertungen geradezu überlebenswichtig. Kauft man etwas, wird man nicht selten vom Verkäufer angebettelt, fünf Sterne zu vergeben. Manche Händler ziehen sogar vor Gericht, um eine schlechte Bewertung anzufechten. Wenn man den Verkäufer verleumdet, drohen bis zu fünf Jahre Haft. Man sollte also immer sachlich bleiben. Das gilt freilich nicht für den Gauner aus Hongkong, der mir ein Blitzgerät verkauft, es aber nicht geschickt hat. Er vertröstete mich so lange, bis es nicht nur für eine Bewertung zu spät war, sondern auch für die Rückforderung des Geldes – nicht aber für eine Verwünschung frei nach dem Römer Servandus: Dem Gott Magulus übergebe ich den Übeltäter, dass er ihn vor dem neunten Tag zerstöre.

Das Internet ist ein Paradies für Querulanten. Die eine Hälfte der Menschen scheint damit beschäftigt, die andere Hälfte zu bewerten, und die gibt daraufhin Rachebewertungen ab. Aber auch ohne Computer wird man ständig aufgefordert, Noten zu verteilen. Am Dubliner Flughafen steht ein Gerät, auf dem drei Smilies abgebildet sind. Einer lächelt, einer schaut desinteressiert, einer sieht grimmig aus. Man soll auf einen dieser Smilies drücken, um kundzutun, welche Erfahrungen man auf dem Flughafen gemacht hat. Auf dem Flughafen in Glasgow hat man vorsichtshalber über der Warteschlange vor der Sicherheitskontrolle ein großes Schild angebracht. »93,7 Prozent der Fluggäste waren zufrieden mit der Kontrolle.« Mit anderen Worten: Beschwerden sind sinnlos, du bist in der Minderheit. Als ich nach dem Zufallsprinzip in den Nacktscanner muss, gehöre ich aber zu den 6,3 Prozent.

Im Hotel in Glasgow funktioniert die Bewertung analog. Auf dem Nachttisch liegt ein Zettel. Was soll man da ankreuzen? Ein Zimmer im Keller für umgerechnet 90 Euro die Nacht, papierdünne Wände, eine brummende Lüftung, und die Rezeption liegt in einem Haus auf der anderen Straßenseite. Aber die Rezeptionistin hat ein bezauberndes Lächeln, sodass ich es nicht übers Herz bringe, ihr die Wahrheit zu sagen. Vermutlich hält sie mich jetzt zu recht für einen Opportunisten, denn sie weiß ja, dass ihr Haus nicht »die beste Adresse Glasgows« ist, wie ich behauptet habe.

Besser als der Flughafen ist das Haus jedoch allemal. Zwar geht der Trend überall hin zur Automatisierung, aber in Glasgow haben sie das perfektioniert. In der Flughafenfiliale von WH Smith, einer großen Kette für Zeitschriften, Bücher und Reisebedarf, musste ich den Strichcode der Satirezeitschrift »Private Eye« scannen, was mir überraschend mühelos gelang.

Dann aber verlangte der Automat von mir, dass ich auch meine Bordkarte scannte. Daran scheiterte der Kauf, denn die Bordkarte war in der Handtasche der Gattin, und die war in irgendeinem anderen Laden. Will der Automat verhindern, dass man »Private Eye« kauft, wenn man in ein islamisches Land reist, weil die Zeitschrift möglicherweise eine Mohammed-Karikatur enthält?

In den Supermärkten ist es ähnlich. Lediglich bei den Billigläden Lüdl und Albi sitzen noch Menschen an der Kasse. Bei den anderen muss man seine Ware selbst scannen, was mir oft misslingt. »Unerwarteter Artikel«, krähte das Gerät bei Tesco, als ich die Ware aufs Band legte. Die anderen Kunden sahen mich an, als ob ich gerade beim Klauen ertappt worden wäre. »Ich mache gerade Diät und kaufe deshalb neuerdings Salat«, erklärte ich, »das kann die Maschine nicht wissen.«

Eine echte Herausforderung ist das Verschicken von Ansichtskarten, Briefen oder Päckchen. Einen Schalter für Briefmarken gibt es auf der Glasgower Hauptpost nicht. Die Kundschaft muss sich an Automaten mit der Aufschrift »Post and Go« anstellen. Man geht aber nirgendwohin, jedenfalls nicht so bald. Die Maschine wollte erst von mir wissen, an wen und wohin das Objekt versendet werden sollte: Eine Ansichtskarte an meine Brieffreundin in Hamburg, gab ich wahrheitsgemäß an. Sodann sollte ich die Karte wiegen. Erst am Ende des komplizierten Vorgangs entdeckte ich auf dem Bildschirm einen Knopf, mit dem man die Sache abkürzen kann. Ich fluchte leise vor mich hin.

Die ältere Dame am Automaten neben mir fluchte weniger leise. Sie wollte ein Päckchen an ihre Tocher in Chicago schicken und hatte Adresse und Absender ordnungsgemäß auf dem Bildschirm eingetippt, aber die Maschine gab sich so schnell nicht zufrieden. Die hoffnungsvolle Postkundin musste einen grünen Aufkleber von einer Rolle unter dem Bildschirm abreißen, ihn scannen und auf das Päckchen kleben. Danach wurde ein blauer Aufkleber mit der Zollerklärung verlangt. Vor dem Scannen musste die Frau dem Automaten jedoch den Inhalt des Päckchens verraten. »Eine Dose Haggis«, tippte sie ein, jenes schottische Nationalgericht, das aus allerlei Innereien besteht, die im Schafsmagen gekocht werden – eine Art schottischer Saumagen also.

Daraufhin brach der Automat den Vorgang ab. Auf dem Bildschirm erschien der Hinweis, dass die Einfuhr von Haggis in die USA verboten sei, weil er ein Gesundheitsrisiko darstelle. Ich riet der Frau, es nochmal zu versuchen und statt Haggis eine Handfeuerwaffe in die Zollerklärung einzutragen. Sie bedankte sich, und ich machte mich mit meiner Briefmarke vorsichtshalber aus dem Staub.

Nicht nur die Kundschaft, sondern auch die Brücken haben in Schottland nichts zu lachen. Es fing mit der neuen Brücke über den Firth of Forth bei Edinburgh an. Arbeiter hatten auf einer Zufahrtstraße verdächtige Drähte entdeckt. Sie riefen vorsichtshalber das militärische Bombenräumkommando. Das sperrte pünktlich zum Berufsverkehrs nachmittags um fünf Uhr nicht nur die Autobrücken, sondern auch gleich die Eisenbahnbrücke und führte eine kontrollierte Sprengung durch. Ein Polizeisprecher erklärte später, die Drähte seien historischer Natur gewesen. Braveheart? Ganz so alt waren sie nicht, sie stammten aus den sechziger Jahren und waren offenbar von einem Abrisskommando vergessen worden.

Die Soldaten waren dennoch die Helden der Stunde, aber einen Tag später ruinierte ein anderer Soldat den frischen Ruhm. Der 24-jährige Obergefreite Daniel McLean vom Black Watch Regiment jagte mit knapp 200 Kilometern pro Stunde in einem Kleinwagen auf der falschen Straßenseite die Tay Road Bridge hinunter. Es sei ihm nichts anderes übriggeblieben, argumentierte er. Er habe sein Missgeschick zu spät bemerkt, und wegen der Barriere in der Mitte der Straße wollte er so schnell wie möglich ans Ende der Brücke.

Das klappte auch, aber er hatte zum Schluss noch so viel Tempo drauf, dass er durch einen Kreisverkehr pflügte. Es ist ja auch nicht einfach, sein Tempo richtig einzuschätzen, wenn man das Zweieinhalbfache der zulässigen Alkoholmenge intus hat. Aber immerhin hatte er die Strecke über die Brücke in 54 Sekunden zurückgelegt, was ihm nicht nur einen Eintrag ins Guinness-Buch der Rekorde einbringt, sondern vermutlich auch eine Gefängnisstrafe. Außerdem wird er zum Schützen Arsch degradiert.

Die dritte Brücke im Pech ist ein Viadukt. Die Route nach Mallaig ist eine der schönsten Eisenbahnstrekken Europas. Zwischendurch macht die Bahn mehrmals Halt für eine Rauchpause. Ausgerechnet den Glenfinnan-Viadukt haben sich die Filmemacher als Kulisse für die Harry-Potter-Filmchen ausgesucht. Deshalb machen die Fans des bebrillten Jungen die Strecke unsicher. Sie warten auf den »Hogwarts-Express«. Einmal stand eine Herde von ihnen auf dem Viadukt, und wenn ein Zug gekommen wäre, hätten sie womöglich hinunterspringen müssen.

Das machen Hunde seit 120 Jahren, allerdings von der Overtoun-Brücke bei Dumbarton. Sie wurde 1895 von Lord Overtoun erbaut, weil die alte Zufahrtstraße zu seinem Herrensitz Overtoun House für Kutschen zu steil war. Seitdem sind 600 Hunde von der Granitbrücke in die 15 Meter darunter liegende Schlucht gesprungen – alle von derselben Stelle. Die meisten kamen dabei ums Leben, und manche Tiere, die überlebt hatten, versuchten es ein zweites Mal. Wissenschaftler behaupten, die Pisse männlicher Nerze, die unter der Brücke leben, habe die Hunde angelockt. Um die These zu erhärten, sollte man einen Test mit Tony Blair machen und ihn auf die Brücke schicken.

Der frühere Premierminister ist ja der Schoßhund von George W. Bush.

LANGE SITZUNG IM KLOKNAST

Wenn Jutta irgendwo einzieht, geht es selten glatt. Früher hat sie bei der *taz* gearbeitet, aber seit 30 Jahren ist sie Reiseleiterin in Irland. Als sie ihr erstes Haus am Rande Dublins bezog, schlich sich in der ersten Nacht ein vermeintlicher Einbrecher ans Haus. Jutta schrie und rief die Polizei. Der »Dieb« flüchtete. Es war der Milchmann, der ihr als Begrüßungsgeschenk eine Flasche Milch vor die Tür stellen wollte, bei dem Gezeter aber davon absah. Nun ist Jutta in ein kleines Haus in der Innenstadt gezogen. Sie hat es hübsch renoviert und im Erdgeschoss ein paar Wände einreißen lassen, sodass man durch einen schmalen Gang in einen großen Raum mit Wohnzimmer, Küche und Esszimmertisch tritt. Links am Gang befindet sich eine winzige Gästetoilette. Die benutzte Jutta eines späten Abends, weil sie keine Lust hatte, ins komfortablere Badezimmer im ersten Stock zu gehen.

Als sie die Tür zuknallte, wackelten die Leichtbauwände ein wenig – genug, um den Metallbilderrahmen, den Jutta am Vormittag gekauft hatte und der nun an der gegenüberliegenden Wand lehnte, umzuwerfen. Da der Gang jedoch schmal ist, fiel er nicht ganz um, sondern verkeilte sich unter dem Türgriff des Gästeklos. Jutta war gefangen. Kräftige Fußtritte gegen die Tür halfen nichts, der Rahmen war stabil.

Jutta wurde nervös. Die Tourismus-Saison war

längst vorbei, ihre Auftraggeber würden sie nicht vermissen. Freunde und Bekannte, die klingelten, würden annehmen, sie sei nicht zu Hause. Und ihr Handy hatte sie natürlich nicht mit aufs Klo genommen. Im Frühjahr, wenn ihre Tätigkeit als Reiseleiterin wieder beginnt, würde man auf der Toilette ein Skelett finden, schoss es ihr durch den Kopf.

Dann fiel ihr der kleine Entlüftungsschlitz oben an der Wand ein. Sie kletterte auf das Waschbecken, brüllte durch den Schlitz und hoffte, dass die Nachbarn, ein Künstlerehepaar, nicht auf Tournee waren. Gegen halb drei Uhr nachts hörten sie die Hilferufe. Zwar hatten sie Juttas Hausschlüssel, aber ein Schlüssel steckte von innen. So mussten sie die Glastür einschlagen, um Jutta zu befreien.

Wenigstens hatte sie eine Toilette und einen Wasserhahn, sodass sie ein paar Wochen überlebt hätte. Peter aus London erging es schlechter. Er wollte zu einer politischen Veranstaltung in Yorkshire und übernachtete bei Genossen in Bradford. Die bewohnten eins der typischen englischen Reihenhäuser, bei denen man durch die Haustür in einen Windfang tritt und durch eine weitere Tür ins Haus gelangt.

Da die Gastgeber arbeiteten und früh aus dem Haus mussten, erklärten sie Peter, er solle die beiden mit Schnappschlössern gesicherten Türen einfach zuziehen. Daran hielt sich Peter, zog die erste Tür hinter sich zu und stellte mit Entsetzen fest, dass die Gastgeber versehentlich die zweite Tür abgeschlossen hatten. So war er sieben Stunden im drei Quadratmeter großen Windfang eingesperrt, bis seine Gastgeber von der Arbeit kamen. Sie versprachen, Peters Hosen zu waschen.

DAS KIND WAR LEER

Als das Flugzeug in Manchester landete, fiel uns wieder ein, warum wir Paula und ihre Familie jahrelang gemieden hatten. Seit Paula einen Sohn bekommen hatte, verliefen die Besuche monothematisch. Inzwischen sei er fast drei, meinte Áine beruhigend. Wahrscheinlich gehen sie mit Charles längst entspannter um.

Wir begruben diese Hoffnung, als man uns vor der Begrüßung eine Dose Desinfektionspaste reichte, mit der wir unsere Hände einreiben mussten. »Wir kommen aus Irland, nicht aus Westafrika«, sagte ich laut und deutlich, da die anderen Fluggäste uns für potenzielle Ebola-Überträger hielten, wie ihr Fluchtverhalten zeigte. Als wir bei Paulas und Davids Haus ankamen, mussten wir uns die Schuhe ausziehen – und zwar draußen. Sie könnten über Nacht geklaut werden, sagte ich. Paula blickte mitleidig auf meine alten Treter und meinte: »Wer soll die denn stehlen?«

Paula und David hielten für Besucher Filzpantoffeln bereit, die ebenso wie wir streng nach Desinfektionsmittel rochen. In jedem Raum hing eine Art Seifenspender mit dem Mittel. Ich als damaliger Raucher durfte mich dem Kind aber ohnehin nicht auf weniger als fünf Meter nähern, selbst wenn ich mir den Mund mit Desinfektionsmittel ausgespült hätte.

Dann fragte David, ob wir mit ihm und Charles spazieren gehen wollten. Wir willigten ein, aber der Abmarsch verzögerte sich. Zunächst mussten allerlei Utensilien gepackt werden, darunter ein Nachttopf mit Spezialeinlage, der das Urin aufsog. »Ich dachte, wir gehen in den Park«, meinte ich. »Gibt's da keine

Bäume?« Paula sah mich an, als ob ich vorgeschlagen hätte, Charles in der Savanne auszusetzen.

Als wir an einem Café vorbeikamen, beschlossen Áine und ich, einen Tee zu trinken und den beiden zum Spielplatz zu folgen. Das ginge nicht, bedauerte David, Charles dürfe nie mit nur einer Person unterwegs sein, denn die könnte ja von einem Blitz getroffen werden. Ob das in dieser Gegend häufiger vorkomme, wollte ich wissen, doch David überging meine Frage. Dieselben Vorsichtsmaßnahmen wurden beim abendlichen Bad ergriffen. Paula stieg mit Charles in die Wanne, während David auf dem Rand saß, jederzeit bereit, Charles zu retten, falls Paula plötzlich ertrinken sollte.

Als wir zurück im Haus waren, fand ich eine Zwei-Pence-Münze im Kinderwagen. Ich gab sie Paula, bereute es jedoch sofort, denn sie verfiel in Panik. Wo ein Geldstück gelegen habe, könnten auch zwei gelegen haben, mutmaßte sie. Charles habe die zweite Münze vermutlich verschluckt. Sie packte Charles und David ins Auto und fuhr ins Krankenhaus. Natürlich ergab die Untersuchung nichts, das Kind war leer. Auf der Rückfahrt hielt Paula dennoch vor einem Laden an, der sich auf Expeditionsreisende spezialisiert hatte, und kaufte vorsichtshalber einen Metalldetektor, mit dem Charles fortan vor dem Zubettgehen gescannt wurde.

Die drei Tage in Manchester kamen uns vor wie ein Monat in einer Anstalt. »In 15 Jahren ist Charles volljährig«, meinte Áine bei der Abreise. »Dann besuchen wir sie wieder.«

KLINGELN IM OHR

Wenn uns gleichaltrige Freunde besuchen, kommt das Gespräch unweigerlich auf Krankheiten, und man tauscht Erfahrungen über Tabletten aus. Ich ging dann stets auf die Toilette und las Zeitung, weil ich bei dem Thema nicht mitreden konnte, denn ich nahm keine Tabletten. Das hat sich geändert.

Es fing mit einem Routinebesuch beim Arzt an. »Deine Lungenfunktion ist prima«, sagte er. »Nur schade, dass du rauchst. Wieviel sind es denn am Tag?« Ungefähr eine Schachtel, sagte ich. »Nein, es sind 28 Stück am Tag«, blaffte er mich an. Das hatte er durch den Bluttest herausgefunden. Ich wolle ja aufhören, sagte ich kleinlaut, es sei aber nicht so einfach. »Ich mache auch Raucherberatung«, meinte der Arzt. »Für 50 Euro. Wir können das gleich erledigen.« Ich nickte entsetzt.

Er holte eine hübsche Tablettenpackung aus dem Schrank und klappte sie auf. Innen befanden sich sieben Reihen mit kleinen weißen und hellblauen Tabletten. Über jeder Reihe stand abwechselnd das Symbol für Sonne und Mond. »Die Tabletten in der ersten Reihe sind morgens einzunehmen, die in der zweiten abends«, erklärte er mir. Darauf wäre ich nie gekommen. Und wenn es bewölkt sei, wollte ich fragen, ließ es aber lieber bleiben, weil er mir womöglich weitere 50 Euro für eine meteorologische Beratung abgeknöpft hätte. »Nach einer Woche hast du keine Lust mehr zu rauchen«, meinte er. Damit war die Beratung beendet.

In der Apotheke holte ich mir eine Drei-Monats-Packung für 280 Euro. Da in Irland eine Schachtel Zigaretten zehn Euro kostet, hätte sich die Investition in einem Monat locker amortisiert. Die Tablettenpakkung war dreisprachig beschriftet: schwedisch, norwegisch und isländisch. »Filmuhúðaðar töflur«, aha. Wenigstens war der Beipackzettel auf englisch. Er war so groß wie ein Bettlaken.

Mir wurde angst und bange, als ich zu den Nebenwirkungen kam. Bei Patienten wurde »von Depressionen, Selbstmordgedanken, selbstgefährdendem Verhalten sowie Selbstmordversuchen berichtet«. Basiert die Wirkung des Medikaments auf der Annahme, dass Tote nicht rauchen? Die anderen Nebenwirkungen können sich auch sehen lassen: Verhaltensänderungen, Denkstörungen, Halluzinationen, Panik. Letztere bekam ich umgehend, als ich an den Entzug dachte.

Die Tabletten können auch zu »vermindertem Appetit oder gesteigertem Appetit« führen. Ja, was denn nun? Schlaganfall, abnorme Träume, Verfärbung der Augäpfel und Bluterbrechen sind ebenfalls im Angebot. »Wenn sich ihre Haut abschält, müssen Sie die Einnahme beenden«, rät mir das Pharma-Unternehmen. Nebenwirkungen, die nicht erwähnt sind, möge man melden, damit mehr Informationen über die Sicherheit dieses Arzneimittels gesammelt werden können. Bin ich ein Versuchskaninchen? Aber mehr Nebenwirkungen gibt's gar nicht, außer Ärztemord vielleicht. Von Fußpilz bis Klingeln im Ohr ist alles aufgelistet.

Wenigstens kann ich jetzt im Freundeskreis mitreden. Mit meiner Superdroge bringe ich selbst Multitablettenschlucker und Hypochonder zum Verstummen.

TAXI
©TOM

DER FISCH WAR SAUBER

Wer eine Flugreise macht, sollte sich genau überlegen, was er ins Handgepäck tut. Ich spreche aus Erfahrung. Ich wollte vom Berliner Flughafen Tegel zurück nach Dublin fliegen. Bis zur Sicherheitskontrolle ging alles gut. Ich leerte meine Taschen aus und legte mein Handgepäck auf das Rollband. Beim Durchleuchten machte sich beim Sicherheitspersonal Unruhe breit. Ein Beamter fragte mich, was das für ein elektronisches Gerät mit ungewöhnlicher Form sei. Ein Fisch, flüsterte ich. Er rief: »Ein Fisch? Den will ich sehen!«

Ob er das Tier abseits von anderen Passagieren begutachten könne, fragte ich, die Sache sei mir peinlich. Ich hatte nämlich den Keller meiner Mutter aufgeräumt und dabei diese gummiartige Regenbogenforelle gefunden, die auf ein braunes Plastikbrett montiert war. Ich hatte sie vor mindestens 20 Jahren auf dem Flohmarkt gekauft, aber längst den gnädigen Mantel des Vergessens darüber gebreitet.

Der Fisch hatte ein Batteriefach und einen Bewegungsmelder. Ich hatte ihn mit frischen Batterien versorgt, weil ich wissen wollte, ob er nach all den Jahren noch funktionierte. Leider tat er das. Wenn jemand, wie jetzt der Sicherheitsbeamte, ins Blickfeld der Forelle geriet, bogen sich Kopf und Schwanzflosse nach vorne, und sie sang mit weit aufgerissenem Maul »Take Me To the River«. Der Beamte ließ das Tier vor Schreck fast fallen, als es nach ihm schnappte.

Es war grauenvoll, zumal das gesamte Personal und die Passagiere fasziniert die singende Forelle und mich anstarrten. Der Sicherheitsbeamte führte mich daraufhin in ein kleines Zimmer und nahm von der Forelle und von meiner Jacke einen Abstrich, der in einer Art Staubsauger auf Sprengstoffrückstände untersucht wurde. Der Fisch und ich waren sauber.

Endlich stand ich mit rotem Kopf am Flugsteig, als ich eine Textnachricht von der Fluggesellschaft erhielt: Mein Flug war gestrichen. Ich solle es am nächsten Tag nochmal versuchen. So stand ich dann erneut an der Sicherheitskontrolle und fragte den Beamten, ob zufällig einer seiner Kollegen bereits am Vortag Dienst hatte. Ich hatte gehofft, diesmal ohne großes Aufsehen durch die Kontrolle zu kommen, aber es hatte einen Schichtwechsel gegeben.

Ich erklärte dem Beamten, dass ich eine singende Forelle dabei hätte. Na sowas, meinte er überrascht. Bereits gestern sei ein komischer Vogel mit einem singenden Fisch hier gewesen, sagte er, die Kollegen hatten davon berichtet. Und jetzt noch einer?

Es handle sich um denselben Fisch, sagte ich. Und um denselben komischen Vogel, fügte ich hinzu. Das interessiere ihn brennend, und seine Kollegen sicher auch, meinte er. Da stand ich nun abermals mit der Forelle, die aus vollem Hals »Take Me To The River« sang. Diesmal applaudierte das Sicherheitspersonal, und der Beamte fragte höhnisch, ob ich mit dem Fisch täglich eine Flugreise unternehme. Bevor ich das Tier wieder verpackte, nahm ich die Batterien heraus und warf sie in den Müll.

GEFANGEN IM CHECK-IN-BEREICH

Mist, wo geht es zum Flugsteig? Letztes Mal, als ich von Glasgow nach Dublin zurückflog, war der Weg nach der Sicherheitskontrolle zu den Gates gut ausgeschildert. Jetzt findet man sich plötzlich in einem Kaufhaus wieder. Bin ich irgendwo falsch abgebogen und wieder zurück in der Einkaufszone im Zentrum?

Ich gehe verunsichert in eins der Geschäfte. »Ihre Bordkarte«, blafft mich die Verkäuferin an. Ich wolle gar nichts kaufen, sondern sei lediglich auf der Suche nach meinem Flugzeug, entgegne ich. »Immer geradeaus, und dann auf die Anzeigetafel achten«, sagt die Verkäuferin und macht eine Handbewegung, als ob sie eine lästige Fliege verscheuche. Das bin ich für die Ladenbesitzer ja auch, da ich nichts kaufen will – nicht mal Wasser, obwohl man das nur in homöopathischer Dosis durch die Sicherheitskontrolle mitnehmen darf.

Großbritanniens Flughafengeschäfte schröpfen die Gefangenen zwischen Sicherheitskontrolle und Flugsteig. Die Ware ist nicht nur teuer, sondern die Läden kassieren die 20 Prozent Mehrwertsteuer, die für Passagiere aus einem Nicht-EU-Land eigentlich entfallen. Irgendwo muss das Geld ja herkommen, das ihnen die Flughafenbetreiber durch ständige Mieterhöhungen aus der Tasche ziehen. Deren Umsatz kam früher zu 55 Prozent aus den Start- und Landegebühren. Da die Fluglinien aber den Konkurrenzkampf zwischen den Flughäfen gnadenlos ausnutzen, sind es heute im Durchschnitt zehn Prozent weniger.

So werden die versteckten Kosten in die Höhe getrieben. Bis 2009 konnte man an allen britischen

Flughäfen die Fluggäste kostenlos absetzen. Jetzt kassieren die meisten Flughäfen eine »Kiss-and-Drop-Gebühr«. In Luton muss man dafür 2,50 Pfund berappen. Will man auch noch einen Gepäckwagen, sind weitere zwei Pfund fällig. Wer seinen Koffer wiegen möchte, wird ein weiteres Pfund los. Will man in die kürzere Schlange für bevorzugte Passagiere, kostet das weitere fünf Pfund. So ist man 10,50 Pfund los, bevor das Flugzeug überhaupt in Sichtweite ist.

Im Prinzip geht die Abzocke also auf die billigen Flugtickets zurück, weswegen Fluglinien die Landegebühren drücken, Flughäfen ständig neue Gebühren erfinden, die Ladenmieten erhöhen, und am Ende zahlt der billig fliegende Passagier die Zeche. Das ist irgendwie gerecht.

Viele Flughäfen dehnen die Verkausfläche immer mehr aus. Vermutlich wird man bald eine Startbahn dichtmachen und eine Ikea-Filiale darauf bauen. Ist das in Glasgow bereits geschehen? »Immer geradeaus«, wie mir die Verkäuferin geraten hat, geht gar nicht. Der Weg führt im Zickzack unter anderem durch einen Buchladen, eine Parfümerie, eine Whisky-Boutique, einen Andenkenladen, einen Schneiderladen für Schottenröcke und ein Süßwarengeschäft. Am Ende bin ich fix und fertig und kaufe eine Flasche Wasser für fünf Pfund. Für den Preis hätte ich mir einen Platz in der Schlange für bevorzugte Passagiere kaufen können und würde vermutlich längst im Flugzeug sitzen.

Auf dem Flughafen von Liverpool geht es ähnlich zu. Allerdings treiben sich hier auch noch Wegelagerer herum. Einer von ihnen stand vor einem Laden und drückte mir ein Erfrischungstuch in die Hand. Ich zuckte entsetzt zurück, aber er hinderte mich an der

Flucht, weil er mir noch »ein Geschenk für die Gattin« mitgeben wollte. Ich sollte ihm folgen. An der Ladentheke machte er sich mit einer Art Schwamm an meinem Daumennagel zu schaffen, bis er glänzte. Na toll.

Danach schüttete er mit blaues Salz in die Hand, ich musste es verreiben. Er spülte er mir die Hände ab und rieb sie mit einer Paste ein. »Na«, fragte er, »wann hast du das lezte Mal so weiche Hände gehabt?« Ich hatte fettige Hände, und das war unangenehm. Was denn mit dem Präsent für die Gattin sei, fragte ich. »Aber ja«, antwortete er, »du bekommst den Nagelschwamm kostenlos, wenn du das Salz und die Paste kaufst.« Und zwar zum Sonderpreis von 80 Euro.

Ich hatte alte Jeans und ein Sweatshirt an, das schon bessere Zeiten gesehen hatte. Auf dem Rücken trug ich einen Rucksack. Sah ich wirklich aus wie jemand, der 80 Pfund ausgeben würde, um weiche Hände zu bekommen? Zum Glück war meine Birne noch nicht weich. Ich würde die Gattin anrufen und fragen, ob sie einen Nagelschwamm gebrauchen könne und ihm dann Bescheid geben, log ich.

Er ließ aber nicht locker: »Du duschst doch regelmäßig, oder?« Einmal im Monat, sagte ich spaßeshalber, doch er nahm es ernst: »Was denn! Nur einmal im Monat?« Du meine Güte, er war noch gutgläubiger als ich. Mir hingegen wurde endgültig klar, dass er mir gar kein Präsent für die Gattin mitgeben wollte, sondern ich sollte eins kaufen.

Um ihn nicht noch mehr zu enttäuschen, fragte ich, wieviel der Nagelschwamm koste, obwohl mir der Vorteil von glänzenden Nägeln nicht recht einleuchtete. Er tippte zwei Zahlen in seinen Taschenrechner und hielt ihn mir unter die Nase: 20 Pfund. Ächz. »Schreckt dich der Preis ab?« fragte er scheinheilig. Ich wiederholte, dass ich erst die Gattin anrufen müsse. Er wusste, dass er verloren hatte und wünschte mir einen guten Flug, meinte aber das Gegenteil.

Die Maschine nach Dublin war ausgebucht, weil eine irische Fangruppe das Heimspiel ihres Lieblingsvereins FC Liverpool besucht hatte. Sie waren alle betrunken, und der betrunkenste setzte sich neben mich. Da Liverpool gewonnen hatte, war er glücklich. Er stellte sich als Joe vor, griff meine Hand und stutzte, weil sie so weich war.

WO IST DAS AUSLAND?

Es ist viel geschrieben worden über das Verhalten von Engländern im Urlaub. Zuletzt berichtete *Bild* über »englische Patienten, die unter Wodka-Husten, Extrem-Sonnenbrand und Dessous-Amnesie« leiden. Es ist an der Zeit, englische Reisende zu verteidigen, denn sie haben es nicht leicht. Überall im Ausland lauern Fremde, also Nicht-Engländer, die ihnen die Ferien vermiesen.

Zum Beispiel auf der griechischen Insel Kos. Vor einigen Jahren sprach ein Gericht einem Engländer 750 Pfund Schadensersatz wegen »verdorbener Ferien« zu, weil in seinem Hotel nur Deutsche waren. Schon bei der Ankunft habe er Verdacht geschöpft, weil auf allen Sonnenliegen Handtücher lagen, sagte der Mann.

Inzwischen sehnen sich die Engländer nach deutschen Touristen, denn heutzutage treiben sich Flüchtlinge auf Kos herum und ruinieren ihnen den Urlaub. Die *Daily Mail* machte sich zum Anwalt der hummerfarbenen Sonnenfreunde. »Wieviel mehr kann Kos ertragen? Tausende boat people aus Syrien und Afghanistan haben ihr Lager auf der beliebten griechischen Insel aufgeschlagen und leben in vermüllten Pappkartons am Strand«, schrieb das Blatt. In Wirklichkeit ist Kos nur eine von sieben Inseln, auf die sich die Flüchtlinge verteilen.

Das ficht die kleinformatige Klolektüre freilich nicht an. Der Urlaub auf Kos habe sich für Engländer »als Albtraum entpuppt, weil mittellose Migranten vor ihren Restaurants sitzen und ihnen beim Essen zuschauen«. Unter dem Beweisfoto die Bildunterschrift: »Widerlich.« Beim nächsten Foto steht: »Schandfleck!« Die Hafenmauer sei zur inoffiziellen Wäscheleine verkommen, auf der Kleidung und dreckige Kopftücher hängen. Kopftücher? Das müssen Terroristen sein. »Barfüssige Knirpse in dreckigen Klamotten spielen im Müll«, schreibt das Blatt, »während schnauzbärtige Männer ihre Weiterreise in den Rest Europas planen, darunter auch Großbritannien.« Zum Beweis zitiert die *Mail* einen Syrer, der ausgerechnet Jihad Naif heißt und nach England will.

Dabei war Kos früher so englisch wie die Falklands. Man war unter sich, die Ausländer – manche bezeichnen sie als Einheimische – waren für das Essen und andere Dienstleistungen zuständig. Die Hälfte der englischen Nation ist auf Kos gezeugt worden, denn viele Teenager durften dort zum ersten Mal Urlaub ohne Eltern machen. Wo sie gelandet waren, wussten aber nur die wenigsten. Wenn Engländer eine Pauschalreise buchen, interessiert sie lediglich, wie weit es zum Strand und zum Wirtshaus ist. Laut einer Umfrage von British Airways findet ein Drittel das Reiseziel nicht auf einer Landkarte. Deutschland wurde nach Frankreich verlegt, die Türkei in die Ukraine und Italien nach Weißrussland.

Besonders verblüffend ist, dass 24 Prozent der Befragten auf Spanien tippten, als sie ihre Nachbarinsel Irland auf einer Karte identifizieren sollten. Das ist eine gute Nachricht. Liebe Engländer, fahrt ruhig nach Spanien, wo immer das liegen mag. In Irland ist die Sonne rar und der Alkohol teuer.

ZUHÄLTER DURCH ZUFALL

Horst ist gestorben. Das ist zwar schon gut zehn Jahre her, aber ich habe es jetzt erst erfahren. Früher traf ich ihn oft, denn er war Angestellter eines Berliner Sportvereins, dessen Heimspiele ich regelmäßig besuchte. 1974 wollte ich in den Sommerferien mit einem Freund zum ersten Mal nach Irland. Weil wir wenig Geld hatten und ein Flug damals ohnehin unerschwinglich war, suchten wir ein Auto, in dem man auch übernachten konnte.

Horst beschaffte uns für 500 Mark einen Ford FK1000, den Vorläufer des Transit, Baujahr 1959. Der Wagen hatte keinen TÜV und ein paar Löcher im Boden, die wir mit Spachtelmasse reparierten. Beim dritten Versuch bekamen wir die TÜV-Plakette. Eine Bekannte schenkte uns ihre alten Matratzen, und meine Mutter nähte Vorhänge, die wir mit einem Gummiband befestigten. Dann fuhren wir los.

Die erste Panne hatten wir kurz hinter Hannover, als die Scheibenwischer aufgaben. Wir banden ein Seil um die Wischer und verknoteten es innen vor der Windschutzscheibe. Der Beifahrer musste bei Regen das Seil dann immer hin und her ziehen, um die Scheiben zu wischen.

In Schottland versagten schließlich die Bremsen. Luft in der Bremsleitung, analysierte der Mechaniker und zeigte uns dann, wie man die Bremsen entlüftet, sodass wir weiterfahren konnten. Von der schottischen Westküste setzten wir mit der Fähre in die Krisenprovinz Nordirland über. Sofort fielen uns die Schilder auf: »Control Zone.« Dort durfte man keinesfalls anhalten. Prompt blieb das Auto stehen.

Innerhalb von Sekunden waren wir von acht britischen Soldaten umzingelt. »Ihr seid doch zwei kräftige Jungs«, meinte einer von ihnen, »schiebt das Auto über den Berg, damit ihr aus der Kontrollzone verschwindet.« Wir seien doch zehn kräftige Jungs, entgegnete ich, und nach kurzer Diskussion willigten die Soldaten fluchend ein, uns beim Schieben zu helfen.

Abgesehen von ein paar kleineren Zwischenfällen ging danach alles glatt, bis wir auf der Rückfahrt wieder an Hannover vorbeikamen. Diesmal gab der Wagen endgültig auf: Motorschaden. Ein freundlicher Autofahrer schleppte uns auf die Raststätte Zweidorfer Holz, wo wir die Kiste zurückließen und nach Berlin trampten. Da der Wagen aber leider nicht für immer auf der Raststätte bleiben konnte, ließen wir ihn von einem Abschleppdienst nach Berlin bringen.

Eigentlich wollten wir ihn verschrotten, doch Horst bot an, das Auto für 250 Mark zurückzunehmen. Glück gehabt, dachten wir, fragten uns aber, was er mit dem Schrotthaufen vorhatte. Dann entdeckten wir ihn, er stand auf der Potsdamer Straße, mitten im Rotlichtviertel. Die Gardinen waren zugezogen. Aus unserem betagten Auto war ein Puff auf Rädern geworden.

Nun wurde mir klar, warum Horst mir bei jedem Heimspiel des besagten Vereins weitere 50 Mark in die Hand drückte. Wir hatten insgesamt schon 150 Mark mehr für den Wagen bekommen, als wir bezahlt hatten. Wir waren, ohne es zu wissen, zu Zuhältern geworden. Ich mied Horst danach. Der kaputte Ford blieb an derselben Stelle stehen, bis der TÜV abgelaufen war.

IRLANDS STRASSEN SIND NASS

Wir hatten damals übrigens Glück mit dem Wetter, aber manchmal regnet es in Irland. Das wissen Einheimische und Touristen, und Heinrich Böll wusste es schon 1957. »Der Regen ist hier absolut, großartig und erschreckend«, schrieb er in seinem »Irischen Tagebuch«. Nur im Transportministerium hat man das noch nicht bemerkt. Vermutlich gehen die Ministerialangestellten selten vor die Tür. So haben sie eine vierspurige Autobahn geplant, die »ein wichtiger Teil des Atlantik-Korridors« sein werde, wenn sie irgendwann fertiggestellt ist. Sie soll die Grafschaften Donegal und Sligo im Norden mit Cork im Süden verbinden. Doch dazu benötigt man Amphibienfahrzeuge.

Professor Paul Johnston, ein Hydrologe vom Trinity College in Dublin, warnte schon damals, dass Teilstücke in der Grafschaft Galway absaufen würden. Er riet den Planern, die Streckenführung ein wenig nach Osten zu verschieben. Das hat man nicht getan, weil das etwas teurer gewesen wäre. Nun muss man die Straße wohl erhöhen, was die veranschlagten Baukosten von 550 Millionen Euro ebenfalls erhöhen wird. Aber das macht ja nichts, die Straße wird durch »Public Private Partnership« finanziert, was bedeutet, dass eine Privatfirma die Straße mit Steuergeldern baut und danach bis zum Sankt-Nimmerleinstag Mautgebühren kassieren darf. Es ist eine Lizenz zum Geld drucken.

Micheál Burke, ein Bauer in Ardrahan, musste aufgrund einer Enteignungsverfügung knapp neun Hektar seines Landes für die Autobahn abtreten. Da die Straße mitten durch den Rest seines Landes verlaufen wird, spendierte ihm die Planungsbehörde in Dublin einen Tunnel unter der Autobahn. Dieser Tunnel ist fünf Meter hoch, und wegen der wochenlangen Regenfälle steht das Wasser nun vier Meter hoch im Tunnel. »Es ist gar kein richtiger Tunnel«, sagte Burke enttäuscht, »wenn er vier Monate im Jahr unter Wasser ist. Dabei hat man behauptet, die Überschwemmungen von 2009 passieren nur alle hundert Jahre.«

Die Dubliner Planer fahren offenbar selten aufs Land. Vor allem im Westen und Süden Irlands sind nach dem feuchtesten Dezember der Geschichte viele Städte und Dörfer überflutet. Burke und seine Nachbarn sagen, dass es bereits seit Mitte der neunziger Jahre regelmäßig Überschwemmungen gegeben habe. Auf dem Land, dass ihm von den Autobahnbauern weggenommen wurde, befinde sich ein Turlough, meinte Burke. Turloughs sind Senken, die im Winter von unterirdischen Quellen geflutet werden und im Sommer austrocknen. Manchmal, wie jetzt nach dem langen Regen, schießt das Wasser in regelrechten Wasserfällen aus den Bergen.

Die Anwohner der Gegend hatten 2011 einen polnischen Taucher beauftragt, die unterirdische Landschaft zu untersuchen. Artur Koslowski ertrank in einer überfluteten Höhle bei Kiltartan. Professor Johnston ist später mit einem Kanu zu der Stelle gerudert und stellte fest, dass das Wasser vom Berg Slieve Aughty immer noch mit Wucht in Richtung Atlantik strömt.

Vielleicht meinten die Sesselfurzer vom Transportministerium das ja mit ihrem »Atlantik-Korridor«.

TAXI ZUM SCHAFOTT

Taxifahrer leben in vielen Städten gefährlich, bisweilen werden sie ausgeraubt oder sogar ermordet. In Dublin ist es eher umgekehrt. Dort werden die Kunden mitunter beleidigt oder sogar mit Mord bedroht.

Weit über die Hälfte der 928 Beschwerden, die bei der Dubliner Transportbehörde im vorigen Jahr eingegangen sind, betrafen das Benehmen von Taxifahrern. Viele Kunden hatten Angst vor den Fahrern. Die Furcht ist nicht unbegründet. Als unsere Nichte neulich an einem Taxibüro in der Innenstadt vorbeilief und durch das Schaufenster schaute, meinte sie lapidar: »Dort sitzen hundert Jahre Knast.« Sie muss es wissen: Sie ist Gefängniswärterin.

Für Gangster ist der Job eines Taxifahrers ideal, leichter kann man Geld kaum waschen. Nur an den Umgangsformen müssen sie noch feilen. Ein Hotelangestellter beklagte sich, dass sein Taxifahrer mehrmals »Fuck off« gebrüllt und ihm gedroht habe, er werde ihn »Montagabend aufsuchen, wenn er allein« sei. Die Transportbehörde schrieb dem Fahrer einen Brief, in dem sie ihn an seine »Pflichten als Taxifahrer« erinnerte.

Ein anderer Fahrgast beschwerte sich, dass er sich wie in einem Kühlschrank gefühlt habe. Darüber hinaus seien die Sitze nass gewesen, weil ein Teil des Rückfensters gefehlt habe. Die Transportbehörde ließ das Fahrzeug aufgrund der Beschwerde untersuchen. Das Ergebnis: »Das Taxi befand sich in tadellosem Zustand.« Nur in zwei Prozent aller Beschwerdefälle musste der Fahrer eine Strafe zahlen. Offenbar haben die Beamten ebenfalls Angst vor den Fahrern.

Ein Drittel aller Beschwerden betraf den Fahrpreis. Die Dunkelziffer ist hoch, denn nicht alle beschweren sich, das weiß ich aus Erfahrung. Einmal nahmen die Gattin und ich ein Taxi zum Flughafen, weil wir spät dran waren. Mit dem Fahrer hatten wir einen Preis von 20 Euro vereinbart. Am Airport angekommen, verlangte der Fahrer 25 Euro. Ich wollte gerade einen Streit vom Zaun brechen, als die Gattin mit einer Kopfbewegung auf die Taxifahrerlizenz deutete, die am Armaturenbrett befestigt war. »Eddie Hutch« stand drauf, und ich legte auf die 25 Euro noch ein großzügiges Trinkgeld drauf.

Hutchs Bruder Gerry ist Chef eines der größten Drogenkartelle Europas. Sein Spitzname ist »der Mönch«. Ende 2015 legten seine Leute im Dubliner Flughafenhotel einen Mann um, der dem konkurrierenden Kartell von Christy Kinahan angehörte. Das ärgerte den, und so eskalierte der Krieg zwischen zwei der gewalttätigsten Drogenbanden Europas. Dieser Krieg wird in

Dublin ausgetragen, ihm sind bisher mehr als 20 Menschen zum Opfer gefallen.

Einen Monat nach unserer überteuerten Taxifahrt zum Flughafen wurde auch unser Fahrer Eddie Hutch erschossen. Und schließlich hatten wir nach dem vorerst letzten Mord an Gareth Hutch, dem Mönchsneffen, die Polizei im Haus. Ob wir etwas gesehen hätten, wollten die Beamten wissen: Das Fluchtfahrzeug war in unserer Straße abgefackelt worden. Wie viele Hutchs noch übrig sind, verriet uns die Polizei nicht.

IM NATURRESERVAT FÜR MILBEN

Bei TripAdvisor kommt der miese Charakter vieler Menschen ans Licht. Wo früher seriöse Hotel- und Restaurantkritiker mit ihrem Namen faire Bewertungen garantierten, können heutzutage Hinz und Kunz über Gedeih und Verderb eines Etablissements entscheiden. Oft hat man den Verdacht, dass die Konkurrenz beim Rufmord ihre Hände im Spiel hat. Einer alten Dame, die eine kleine Pension in Südengland betrieb, wurde beschieden, dass ihr Abendessen ungenießbar sei und dass sich in den Schlafzimmern Katzen herumtrieben. Die Frau hatte nie Abendessen angeboten, und gegen Katzen ist sie allergisch. Kurz vor der vernichtenden Kritik hatte in der Nachbarschaft eine andere Pension eröffnet.

Manche kritisieren aus purer Bosheit. Der zurückhaltende Engländer, der im Restaurant den ungenießbarsten Fraß auf Nachfrage des Kellners mit einem »lovely« quittiert, wird zur giftspeienden Natter, wenn er im Internet jemanden anonym und in Großbuchstaben zur Schnecke machen kann. »SIE BEHANDELN ENGLÄNDER WIE AUSLÄNDER«, nörgelte einer über ein Restaurant in Portugal, wo Engländer nun mal Ausländer sind. Der Journalist Alex Proud bezeichnete TripAdvisor als »Demokratie für Idioten«.

Diese Idioten haben aber große Macht. Sinkt die durchschnittliche Bewertung eines Hotels oder Restaurants um einen halben Stern, macht sich das sofort bei den Buchungen bemerkbar. Erstaunlich viele Gäste versuchen es deshalb mit Erpressung: Sie verlangen großzügigen Rabatt, sonst gebe es geharnischte Kritiken auf TripAdvisor, drohen sie.

Einem Hotelier, der auf die Erpressungsversuche seiner Gäste nicht eingegangen war und sich deshalb eine unterirdische Bewertung einhandelte, platzte der Kragen. Alex Scrivenor, Hotelier im schottischen Callander, tobte in seiner Antwort auf TripAdvisor, die Gäste hätten eine Wand demoliert, im betrunkenen Zustand andere Gäste belästigt und sich aus dem Staub gemacht, ohne die Rechnung zu bezahlen. »Ihr habt mich fertig gemacht«, warf er ihnen vor. »Ich war lange in Therapie, um meine Wutausbrüche unter Kontrolle zu bringen. Jetzt muss ich wieder von vorne anfangen.«

Über das Bell House in Didsbury, einem Vorort von Manchester, habe ich aus Mitleid nichts auf TripAdvisor geschrieben. Es gehört jedenfalls nicht zu den zehntausend besten Wirtshäusern Englands. Der verwinkelte Laden ist ein Naturreservat für Milben, denn der Restaurantteil ist komplett mit Teppichfliesen ausgelegt. Weil die Milben nachts schlafen müssen, schließt der Pub bereits abends um zehn.

Umso überraschter war ich, als kurz vor Zapfenstreich drei junge Spanierinnen in sehr knappen Nachthemden und mit Flip-Flops das Etablissement betraten. Hatte ich einen plötzlichen Klimawandel verpasst? Offenbar nicht, draußen regnete es in Strömen, und die Passanten trugen Wintermäntel. Dann schob jemand eine alte Dame in einem Rollstuhl herein. Sie trug einen Schlafanzug. Kurz darauf kamen fünf Frauen um die 50 in Bademänteln. Ihnen folgte ein Teenager in Boxer-Shorts und T-shirt. Aha, eine Pyjama-Party, dachte ich. Aber fünf Minuten vor Kneipenschluss?

Ich fragte eine der Bademanteldamen. »Unser Hotel nebenan brennt«, erklärte sie. »Deshalb wurden wir evakuiert.« Ich erblasste, denn ich übernachtete ebenfalls in dem Billighotel. Draußen waren inzwischen zwei Löschzüge vorgefahren, aus einem Zimmer im ersten Stock drangen dicke Rauchwolken. Mein Zimmer lag ebenfalls im ersten Stock. Ein Feuerwehrmann erklärte jedoch, das Feuer sei im Boilerraum ausgebrochen.

Das wunderte mich nicht, denn in dem Hotel funktionierte wahrlich nicht viel. Der Fahrstuhl war seit einer Woche kaputt, das auf der Internetseite angekündigte kostenlose Wi-fi im Foyer gab es nicht. Es gab überhaupt kein Foyer, sondern nur einen winzigen Tresen, auf der ein paar Pappschachteln mit Cornflakes, einem Muffin, einem Müsliriegel und einer Miniflasche Orangensaft lagen. Das war das Frühstück, und es kostete 4,95 Pfund.

Inzwischen waren die Pyjama-Leute aus dem Bell House hinausgescheucht worden und standen an dem für Notfälle vorgesehenen Versammlungspunkt mitten auf dem Parkplatz. Es regnete noch immer. Weil die Sache nach Auskunft der Feuerwehr länger dauern würde, handelte die Hotelleitung mit dem Bell House aus, den Laden wieder zu öffnen, damit die Gäste im Trocknen warten konnten. Allerdings durften wir uns wegen der schlafenden Milben nur auf dem Parkettfußboden der Bar aufhalten. Der Hotelmanager erklärte, das Feuer sei gar nicht im Boilerraum des Hotels ausgebrochen, sondern des Restaurants, mit dem man sich das Gebäude teile. Statt uns also ins nicht brennende Hotel zu lassen, steckte man uns ins brennende Wirtshaus.

Weit nach Mitternacht durften wir wieder auf unsere Zimmer. Wegen des Rauchgeruchs hatte man sämtliche Fenster geöffnet, sodass sich die Temperatur im Gebäude der Außentemperatur angepasst hatte. Am nächsten Morgen schob die Rezeptionistin einen Zettel unter der Tür hindurch. Im Bell House werde am Vormittag die Alarmanlage getestet, stand darauf. Das sei kein Grund zur Beunruhigung. Nur wenn der Alarm für mehr als eine Minute andauere, solle man sich schleunigst aus dem Staub machen. Ich bin dann lieber gleich abgereist.

Aus der Reihe Critica Diabolis

21. *Hannah Arendt,* Nach Auschwitz, 13,- Euro
45. *Bittermann (Hg.)*, Serbien muss sterbien, 14.- Euro
55. *Wolfgang Pohrt,* Theorie des Gebrauchswerts, 17.- Euro
65. *Guy Debord,* Gesellschaft des Spektakels, 20.- Euro
68. *Wolfgang Pohrt*, Brothers in Crime, 16.- Euro
129. *Robert Kurz*, Das Weltkapital, 18.- Euro
162. *Lester Bangs*, Psychotische Reaktionen und heiße Luft, 19.80 Euro
166. *Timothy Brook*, Vermeers Hut, 18.- Euro
171. *Harry Rowohlt, Ralf Sotscheck*, In Schlucken-zwei-Spechte, 15.- Euro
174. *Wolfgang Pohrt*, Gewalt und Politik, 22.- Euro
176. *Heiko Werning*, Mein wunderbarer Wedding, 14.- Euro
178. *Kinky Friedman*, Zehn kleine New Yorker, 15.- Euro
189. *Hunter S. Thompson*, The Kingdom of Gonzo, Interviews, 18.- Euro
197. *Wolfgang Pohrt*, Kapitalismus Forever, 13.- Euro
200. *Wolfgang Pohrt*, Honoré de Balzac, 13.- Euro
204. *Robert Kurz*, Weltkrise und Ignoranz, Essays, 16.- Euro
205. *Wolfgang Pohrt*, Das allerletzte Gefecht, 13.- Euro
207. *einzlkind*, Gretchen, Prima Roman, 18.- Euro
210. *Berthold Seliger*, Das Geschäft mit der Musik, 18.- Euro
212. *Franz Dobler*, A Boy Named Sue, 14.- Euro
214. *Heiko Werning*, Im wilden Wedding, 14.- Euro
216. *Ingo Müller*, Furchtbare Juristen, 22.- Euro
217. *Marcel Cohen*, Raum der Erinnerung. Tatsachen, 16.- Euro
218. *Ralf Sotscheck*, Türzwerge schlägt man nicht, 13.- Euro
219. *Wiglaf Droste*, Der Ohrfeige nach, 14.- Euro
222. *Hunter S. Thompson*, Odyssee. Gonzo-Briefe, 28.- Euro
223. *Mark Fisher*, Gespenster meines Lebens, 20.- Euro
224. *Hans Zippert*, Würden Sie an einer Tortengrafik teilnehmen?, 14- Euro
225. *Eike Geisel*, Die Wiedergutwerdung der Deutschen, 24.- Euro
226. *Mark Polizzotti*, Highway 61 Revisited. Dylan's Road-Album, 18.- Euro
228. *Richard Hell*, Blank Generation, Autobiographie, 20.- Euro
229. *Gareth Murphy*, Cowboys & Indies, Über die Musikindustrie, 24.- Euro
230. *Joe Bauer*, In Stiefeln durch Stuttgart, Komakäufer & Rebellen, 15.- Euro
231. *Funny van Dannen*, An der Grenze zur Realität, 16.- Euro
232. *Carl Cederström & André Spicer*, Das Wellness-Syndrom, 16.- Euro
233. *Jon Savage*, England's Dreaming, Punk und Sex Pistols, 19.80 Euro
234. *Iwan Weidmann*, Ante Finem, Roman, 18.- Euro
235. *Wiglaf Droste & Nikolaus Heidelbach*, Nomade im Speck, 18.- Euro
236. *Nick Srnicek & Alex Williams*, Die Zukunft erfinden, 24.- Euro
237. *André Alexis*, Fünfzehn Hunde. Eine Fabel, 18.- Euro
238. *Klaus Bittermann*, Sid Schlebrowskis kurzer Sommer... Roman, 18.- Euro
239. *Fritz Eckenga*, Draußen rauchen ist Mord am ungeborenen Baum, 14.-
240. *Gerhard Henschel*, Harry Piel sitzt am Nil. Über Schmähkritik, 14.-
241. *Ralf Sotscheck*, Zocken mit Jesus, Irische Wunder, 14.- Euro
242. *Heiko Werning*, Vom Wedding verweht, Geschichten, 14.- Euro
243. *Hans Zippert*, Fernsehen ist wie Radio, nur ohne Würfel, ca. 13.- Euro
244. *Bill Cardoso*, Das Massaker im Goldenen Drachen, ca. 20.- Euro